Deloitte. トーマツ.
デロイト トーマツ

Q&A 業種別会計実務 9
銀行 第2版

有限責任監査法人
トーマツ【著】

Banking

中央経済社

はじめに

銀行は信用創造や通貨供給など，経済の金融面において果たす役割が大きい業種であるため，その経営においては，日本および世界における経済動向の強い影響を受けてきました。1990年代にはバブル崩壊やアジア通貨危機などにおける銀行の不良債権の増加に伴い，早期是正措置制度の導入および早期健全化法による公的資金の注入が行われました。また2000年代においても継続していた不良債権問題に対しては，金融検査マニュアルによる厳格な検査に基づいて金融再生プログラムによる不良債権処理の推進が行われました。その後も2008年のリーマン・ショック，2011年の東日本大震災によるダメージと復興，2020年から継続している新型コロナウイルス感染症による影響や政府・自治体による施策など銀行経営は経済動向や政策に大きく影響を受け，銀行業の会計においても，その対応につき議論が行われてきました。

加えて銀行は業務の公共性からその運営を健全なものとするため，多くの規制が存在する業種でもあります。国内においては銀行法など関連業法が存在するだけでなく，金融庁や日本銀行による定期的な検査・考査も行われています。2019年12月に金融庁による検査の手引としての金融検査マニュアルが廃止され，銀行には自主的なリスク管理が求められ，将来を見通した（フォワード・ルッキング）償却・引当への対応が期待されています。

また，2021年４月から適用されている金融商品の時価算定基準への対応も多種多様な金融商品を保有する銀行業においては大きな課題となっています。

本書は銀行会計に初めて携わる方でもこのような銀行業の会計の特徴的なトピックが鳥瞰できるようQ&A形式で整理しています。また、銀行の会計や経営に密接に関係する自己資本比率規制や，銀行業の会計に影響を及ぼすことが想定される国際財務報告基準（IFRS）についても触れています。なお，銀行業の会計は関連する会計基準等も多く，紙幅の関係でそのすべてを詳細に解説することはできませんので，より広範で深い理解のためには，私ども専門家への相談をおすすめします。

本書は，おおむね以下のような構成で記載されています。

第１章では，銀行業の概要について解説しており，主に銀行の種類，銀行の一般的な業務内容や，特徴的な組織形態について説明しています。

第２章では，銀行業の会計の特徴として，その勘定科目や，適用される各種の法律などについて触れています。

第３章では，銀行業における会計上の個別論点について解説しています。ここでは，銀行業において適用される特有の会計処理や，実務上において論点になる箇所について，なるべくわかりやすいように個別具体的に解説しています。

第４章では，銀行に対する最も重要な規制の１つである自己資本比率規制の概要と変遷，バーゼルⅢ規制等について簡単に説明しています。

第５章では，国際財務報告基準（IFRS）について，特に金融商品の評価，連結会計および公正価値測定の基準を中心に記載しています。

第６章では，銀行の財務諸表分析において使用する指標のうち代表的なものを取り上げて解説しています。

本書は，有限責任監査法人トーマツの金融インダストリーグループにおいて銀行セクターに属する，銀行監査に長年携わっている公認会計士を中心とした専門家が，日々現場においてトピックと考えているポイントを中心に執筆しました。そのため，当監査法人の銀行監査における多くの経験と英知が，本書に反映されています。

本書が，銀行会計に携わるすべての方々が直面している実務上の問題への対応のお役に立てることを心から願っています。

2022年４月

有限責任監査法人トーマツ
金融事業ユニットリーダー
深田建太郎

目　次

第4章 自己資本比率規制

第5章 IFRSの概要

第6章 財務諸表の分析

本書で使用する主な略称

法令・会計基準等の名称	略　称
財務諸表等規則	財規
財務諸表等規則ガイドライン	財規ガイドライン
会社法	会
金融商品取引法	金商法
法人税法	法法
法人税法施行令	法令
法人税法施行規則	法規
法人税基本通達	法基通
租税特別措置法	措法
租税特別措置法施行令	措令
租税特別措置法施行規則	措規
金融商品に関する会計基準	金融商品会計基準
金融商品会計に関する実務指針	金融商品実務指針
金融商品会計に関するQ&A	金融商品Q&A
金融機能の再生のための緊急処置に関する法律	金融再生法
預金等受入金融機関に係る検査マニュアル	金融検査マニュアル
国際会計基準	IAS
国際財務報告基準	IFRS
時価の算定に関する会計基準	時価算定会計基準
時価の算定に関する会計基準の適用指針	時価算定適用指針
金融商品の時価等の開示に関する適用指針	金融商品時価開示適用指針
四半期財務諸表に関する会計基準の適用指針	四半期適用指針
業種別委員会研究報告第13号「銀行等金融機関における金融商品の時価の算定に関する監査上の留意事項」	業種別研究報告第13号

第1章

銀行業とは

第１章では，銀行業の概要について解説します。銀行は信用創造や通貨供給など，経済の金融面において果たす役割が大きいといわれていますが，日本における銀行の種類や，銀行の一般的な業務内容，銀行ビジネスのおかれている現状について触れていきます。また，銀行業の特徴的な組織形態についても解説します。

Q1-1 銀行の種類

銀行業にはどのような種類の銀行があるのでしょうか。

Answer Point

- 銀行とは，銀行法に基づく内閣総理大臣の免許を受けて，銀行業を営むものをいいます。
- 銀行の種類には都市銀行，地方銀行，第二地方銀行，信託銀行等があります。
- 協同組織金融機関は，それぞれの根拠法に基づき，銀行と同様の業務を行っています。

(1) 銀行の種類

わが国の民間金融機関は，預金の受入れを行うかどうかにより，預金取扱金融機関とそれ以外の金融機関に大別されます。預金取扱金融機関には，銀行と協同組織金融機関があります。

銀行とは，銀行法第4条第1項に基づく内閣総理大臣の免許を受けて，銀行業を営むものです（銀行法第2条第1項）。そして銀行は，その業態により，都市銀行，地方銀行，第二地方銀行，信託銀行，外国銀行支店，その他の銀行に分類されます。ただし，この区分は法的なものではなく，行政および統計上の目的で慣行として行われているものです（以下，区分ごとの金融機関数については，2021年12月時点の金融庁「免許・許可・登録等を受けている業者一覧」より記載）。

①　都市銀行

都市銀行とは，主として大都市に本店を置き，広域的な営業基盤を持つ銀行です。都市銀行は，1990年代後半から業界再編が活発化し，2021年12月現在４行に再編されています。従来から都市銀行の業務は大企業との取引が中心でしたが，近年は中小企業や個人との取引を拡大しています。

②　地方銀行

地方銀行は，地方都市に本店を置き，本店所在地の都道府県内を営業基盤としている銀行です。地方銀行は，全国地方銀行協会に加盟しており，2021年12月現在62行です。地方銀行の取引先は地域の中小企業と個人が中心で，地域と密接な関係を構築しています。

③　第二地方銀行

第二地方銀行は，主に相互銀行から普通銀行に転換した銀行です。第二地方銀行協会に加盟しており，2021年12月現在37行です。第二地方銀行の業務は，地方銀行と同様に，地域の中小企業と個人との取引が中心です。また，その成り立ちから比較的小規模な銀行が多いのが特徴です。

④　信託銀行

信託とは，委託者が受託者に対して，金銭や土地などの財産を移転し，受託者は信託目的に従ってその財産の管理・処分などをする制度です。信託銀行とは，銀行法に基づく免許を受けた銀行のうち，「金融機関の信託業務の兼営等に関する法律」（兼営法）の認可を受け，信託の引受業務を行う銀行です。兼営法認可金融機関は2021年12月現在56金融機関がありますが，このうち信託業務を行う信託銀行は13行です。

⑤　外国銀行支店

外国銀行支店は，外国銀行がわが国に設けている支店であり，銀行法上の銀行として位置づけられています。2021年12月現在56の外国銀行支店があります。外国銀行支店の業務範囲は，基本的に国内の銀行と同様ですが，企業や金融機関との取引が中心という特徴があります。

⑥　その他の銀行

その他の銀行は，上記①から⑤のどの業態にも分類されない銀行です。その1つの形態として，2000年以降から設立が開始された新しい形態の銀行があります。新しい形態の銀行としては，インターネットによる取引に特化したインターネット専業銀行や，コンビニエンスストアなどの流通店舗のネットワークを活用した流通系の銀行などがあります。

また，その他の銀行の分類には，長期信用銀行が普通銀行に転換した銀行，外国銀行が日本国内に設立した銀行，ゆうちょ銀行などが含まれます。

(2) 協同組織金融機関の種類

協同組織金融機関は，会員または組合員の相互扶助を基本理念とする非営利法人で，それぞれの根拠法に基づき，一定の範囲で銀行と同様の業務を行っています。協同組織金融機関には，信用金庫，信用組合，労働金庫，系統金融機関（農林水産金融機関）があります。

①　信用金庫

信用金庫は，「信用金庫法」に基づく会員組織の金融機関で，営業範囲は定款で定められた範囲に限定されています。預金は会員以外からも受け入れることができますが，貸出は原則として会員である中小企業および個人に限られています。2021年12月現在で信用金庫は254金庫あります。また，信用金庫の中央機関として信金中央金庫があり，会員である信用金庫に対し金融サービスを行っています。

②　信用組合

信用組合は，「中小企業等協同組合法」に基づく協同組合で，相互扶助により組合員の経済的地位の向上を図ることを目的としており，「協同組合による金融事業に関する法律」に基づいて金融事業を行っています。信用組合は，信用金庫と異なり，貸出だけでなく預金の対象も原則として組合員に限られています。2021年12月現在で信用組合は145組合あります。また，信用組合の中央機関として全国信用協同組合連合会があります。

③　労働金庫

労働金庫は，「労働金庫法」に基づく労働者団体の金融機関です。労働金庫は勤労者の生活水準の向上を目的としており，労働組合や生活協同組合などが会員です。労働金庫は，信用組合と同様に貸出・預金の対象は原則として会員に限られています。2021年12月現在で労働金庫は13金庫あります。また，労働金庫の中央機関として労働金庫連合会があります。

④　系統金融機関（農林水産金融機関）

農業協同組合（農協）は，「農業協同組合法」に基づく農業従事者を組合員とする協同組合であり，漁業協同組合等（漁協）は，「水産業協同組合法」に基づく漁業・水産加工の従事者を組合員とする協同組合です。農協と漁協の貸出と預金の対象は原則として組合員に限定されています。

また，それぞれの上部組織として，都道府県単位で信用農業協同組合連合会，信用漁業協同組合連合会があります。さらに，各機関の最上位組織として，「農林中央金庫法」に基づく金融機関である農林中央金庫があります。

Q1-2 銀行の主要な業務

銀行の主要な業務とはどのようなものでしょうか。

Answer Point

- 銀行の主要業務として，預金業務，貸出業務，為替業務の３つの業務が挙げられます。
- 資金需要の伸び悩みから貸出金に代わる資金運用業務として，有価証券の運用業務も銀行の主要な業務の１つとなっています。
- 銀行の収益は，預金で調達した資金を，貸出金や有価証券投資によって運用することで得られる利鞘が中心となっています。収益を効率的に確保するため，銀行は資産と負債を総合的に管理（ALM）しています。
- フィービジネスやリテールビジネスなど，銀行業はますます多様化しています。

(1) 銀行の３大業務

預金業務，貸出業務，為替業務は銀行法第10条第１項において，銀行の固有業務として定められており，これらを銀行の３大業務といいます。

① 預金業務

銀行の資金調達は主に預金によって行われています。受け入れた預金を貸出金や有価証券によって運用し，その運用から得られた収益をもとに，預金者に対して預金利息を支払っています。

預金の民法上の性質は消費寄託契約となっており，寄託の態様によって，当座預金，普通預金，貯蓄預金，通知預金，定期預金，定期積金およびその他の預金があります。銀行では，預金者のニーズに合致するさまざまな商品の提供が行われています。

預金金利については，従来は護送船団方式のもとで規制金利体系により決定されていましたが，現在は無利息の当座預金および決済性普通預金を除き自由化されており，各銀行の判断によって，自由に金利の設定が行われています。

②　貸出業務

預金によって調達した資金は主として貸出金として運用され，貸出金と預金との利回り差（利鞘）が銀行の主要な収益源となっています。

貸出金は取引の形態によって，割引手形，手形貸付，証書貸付および当座貸越に区分されています。また，銀行が直接資金の融通を実施しないものの，取引先が第三者に対して負担している債務の保証を行う形式での信用供与も行っており，このような取引を支払承諾といいます。

貸出業務は，融資先の状況によっては貸出金の回収が困難となることから貸出の実行時だけでなく貸出後においても貸出先の業況を継続的に把握することが重要となります。また，貸出金を保全するために貸出先から徴求している保証や担保の管理も貸出業務に関連する重要な業務となっています。

③　為替業務

為替とは，隔地者間の金銭の債権や債務を，直接現金の受渡しをすることなく，資金決済を行う仕組みであり，この業務は預金業務，貸出業務と並ぶ銀行の３大業務の１つとなっています。為替は国内における邦貨の決済だけではなく国際間での異通貨による決済においても利用されており，国内の債権・債務の決済を目的としているものを内国為替，国際間の債権・債務の決済を目的としているものを外国為替といいます。

為替決済の方法の主なものとしては，依頼人が受取人の指定口座に入金を行う振込，送金小切手を発行し受取人に郵送する送金，取引先の依頼に基づいて受け入れた手形・小切手等を取立実施する代金取立等があります。

(2) 有価証券の運用業務

銀行の主な収益源は，上述のとおり，貸出金と預金の利鞘ですが，最近では，経済活動の停滞，社債等の直接金融取引の活発化などの要因により，企業の資金需要が伸び悩んでいることから，貸出金に代わる資金運用業務として，有価証券の運用業務が銀行の業務の中で重要な位置を占めるようになっています。

有価証券は運用対象により，国債，地方債，社債，株式およびその他の証券に分類されます。

(3) 銀行の業務とALM

ALM（Asset Liability Management）とは，資産・負債から生じるリスクを評価し，損失の発生を最低限に抑えながら，収益を効率的に確保することを目的として行う，資産(Asset)と負債(Liability)の総合的な管理(Management)手法をいいます。

銀行はそのバランスシートにおいて，大量の貸出金や有価証券等の金融資産を保有し，その見合いとして預金を中心とした金融負債を抱えています。金利自由化の環境下，市場金利の変動は，銀行の資産・負債の価値の変動をもたらし，実現損益を通して期間損益に重要な影響を及ぼすことになります。そのため，資産・負債の金利更改や期日のタイミングを適切に把握し，資産と負債のバランスを調整する等，総合的に資産運用・負債調達を管理する必要性が生じます。

たとえば，銀行は短期の預金で調達した資金を，住宅ローン等の長期資産で運用しています。預金を主要な調達源として，大量の金融資産を運用している銀行においては，さまざまな形でこのような金利または期間のミスマッチが発生するため，国債ポートフォリオの銘柄入替えを行うことによって運用資産の期間調整を行ったり，預金だけでなく比較的長期間の負債調達を増加させる等，金利または期間のミスマッチを最小限に抑えるためのALM運営が必要となってくるのです。

ALMの運営方針は，一般的に市場部門などの関連部署のメンバーを中心に定期的に開催されるALM委員会において，銀行全体の資産・負債の状況，マーケットの環境などを踏まえた協議のもとに決定されます。そして，決定された方針は，取締役会，常務会等のマネジメントに承認され，当該方針に基づいてALM運営が行われることになります。

(4) 銀行業の現状

国内における人口減少・少子高齢化等による経済の停滞，およびそれに伴う企業の資金需要低迷や，マイナス金利など金利水準の低下による貸出業務の利鞘の減少，Fintechなど異業種参入により，銀行業の伝統的なビジネスモデルのみでは収益の確保が難しくなってきています。

大手銀行では，フィービジネス（役務提供等により手数料を受け取るビジネス）と，リテールビジネス（個人などへ小口の金融サービスを提供するビジネス）を強化させています。

フィービジネスでは，M&A仲介やシンジケートローン組成などの投資銀行業務や，ファクタリングやキャッシュマネジメントシステムなどの決済サービス業務など，多様な業務を提供しています。

リテールビジネスでは，特に個人向けの投資信託や年金・保険の販売を強化しており，商品のラインナップも増やしています。そして，インターネットバンキングやモバイルバンキングといったチャネルの多様化にも注力しています。

さらに，日本企業の海外展開に伴い，大手銀行では資金需要が旺盛なアジアを中心に，海外拠点を拡大しグローバル化を進めています。

一方，地方銀行などの地域金融機関では，リレーションシップバンキング（地域密着型金融）を進めています。これは，取引先との緊密な関係を長く維持し，それによって蓄積された情報を活用することによって，地域の企業に付加価値の高い金融サービスを行うビジネスモデルです。銀行のサービスを差別化することを目的としていますが，地域経済自体を活性化させることも目的としています。そのため，地域の中小企業の経営改善へのアドバイスなど支援活動も積極的に行っています。

Q1-3 銀行の組織構造

銀行はどのような組織構造になっているのでしょうか。

Answer Point

- 銀行の組織は，大きくは本部および支店により構成されています。
- 銀行は，業務遂行における内部牽制を有効に機能させるため，組織構造上，フロント・ミドル・バックを明確に区分しています。
- 銀行では，フロント・ミドル・バックの組織区分に加えて，業務部門から独立した内部監査部門が，業務遂行の適切性についてモニタリングを行っています。

(1) 銀行の組織概要

銀行の組織は，大きくは本部および支店により構成されています。

本部には経営企画部門や経営管理部門等，銀行の経営全般に関連する業務を遂行する部署のほか，おおむね以下のような部署が設置されています。

- 有価証券やデリバティブ等の市場取引を実施するディーリング部門および市場取引の事務を行う市場事務部門
- 支店の貸出先審査を行う審査部門
- 支店の取りまとめを行う営業統括・推進部門
- システムの運用，開発および保守を担うシステム部門
- 銀行が抱える各種のリスクの識別，評価，計測および対応を実施するリスク管理部門
- 支店を含む銀行内各部署の業務遂行をモニタリングする内部監査部門

一方，支店は本店営業部，その他支店および出張所等であり，顧客との取引において銀行の顔となる，まさにフロント機能を担っています。支店では通常，預金，貸出および為替といった銀行を代表する各種の対顧客業務が行われていますが，住宅ローンに特化した支店や，不良債権を集約して管理するための支店が設置されているケースもあります。

また，支店の業務効率化を目的として，各種入力事務や契約書等の書類保管を集約して行う事務センターや，取立等で受け取った手形を集中的に管理する手形センターなどが設置されているケースもあります。

(2) フロント・ミドル・バックの組織区分

銀行業は広く顧客から預金の受入れを行い，また，貸出を通じて経済活動の重要な一部を担っており，業務の公共性が高い業種です。その一方で，現金，手形，小切手および有価証券等の換価性の高い資産を多額に取り扱う業務の特性上，横領などの不正が発生する誘因が高い側面もあります。このため，業務の遂行において，高度な内部牽制の機能が求められます。また，預金受入金融機関として経営の健全性を求められていることから，過度にリスクを負わないよう，定性・定量の両面において高度なリスク管理の実施が求められます。このような観点から，銀行では，フロント（取引の実行部署）・ミドル（リスクのモニタリング部署）・バック（事務の遂行部署）を明確に区分し，業務遂行における内部牽制機能が有効に発揮されるよう組織構造を設計しています。

たとえば，有価証券やデリバティブ取引等の市場取引においては，ディーリング部門がフロント・オフィスとして相手方との取引を行う一方，取引の約定確認や資金決済，各種システムへの記帳入力等については，フロント・オフィスから独立した市場事務部門がバック・オフィスとして実施しています。そして，フロント・オフィスが実行する市場取引に伴う市場リスク等については，リスク管理部門がミドル・オフィスとして随時モニタリングを行い，リスク量が銀行の許容可能な範囲内に収まっていることを確認しています。

また，対顧客業務の中心拠点として銀行における最も重要なフロント・オフィスである支店では，顧客対応を中心に行う営業担当者と，出納，記帳事務等を行う事務担当者の職務分掌を明確に区分しています。さらに，預金業務における金利優遇や，貸出業務における貸出実行可否，取引条件の判断については，営業推進部や審査部など本部の関連部署に最終的な判断権限を設定するなど，フロント･オフィスとしての支店の判断だけでは取引を実行できないよう，組織上の牽制が行われています。特に貸出業務については，貸出先の倒産等の信用リスクがあるため，銀行として適切かつ慎重な判断が行われるよう多層的な決裁権限が規定されているケースが多くみられます。

また，個社ごとの与信判断だけではなく，銀行全体のポートフォリオにおける信用リスクの状況に応じて適時必要な措置を講ずることを可能にするため，リスク管理部門において，顧客グループ別，業種別，地域別などの切り口で与信ポートフォリオを分析し，信用リスクのモニタリングを実施しています。

(3) 内部監査の機能

上述のように，銀行の組織構造はフロント・ミドル・バックの組織区分を中心とした相互牽制によって適切な業務遂行を実現するよう構築されていますが，銀行では，こうした牽制機能が有効に発揮され，適切に業務が遂行されているか否かについて内部監査部門による内部監査が実施されています。

そもそも経営者は，会社の適切な運営を行う責任を有していますが，その責任を遂行するために，内部監査部門を通じて会社の業務遂行状況をモニタリングします。このため，内部監査部門は，モニタリング対象の業務から独立した組織として設置される必要があり，多くの場合，経営者直属の組織として設置されています。

このように，内部監査部門は会社全体の業務執行状況をモニタリングする機能を有しているため，銀行においてもその対象となるのは支店だけでなく，本部各部を含めたすべての部署となります。内部監査部門は銀行内外の経営環境や，対象部署の業務内容，過去の監査結果等を踏まえ，支店，本部各部のリスク状況等を把握し，リスクアセスメントを実施した上で適切な監査計画を立案して内部監査を実施しています。

内部監査部門は，監査役，会計監査人との連携も行いながら効率的な監査を行うことを求められています。さらに，銀行においては，金融庁等の当局検査等が定期的に実施されます。

第2章

会計の特徴

第2章では，銀行業の会計について概略を解説します。銀行はその業務の特殊性から，銀行法等の各種法律に準拠する必要があり，また全国銀行協会の定める決算経理要領を参照することがあります。その結果として会計処理および開示に関しては，事業会社とは異なるものとなるため，この特徴的な部分の概略について簡単に解説します。なお，個別具体的な論点については，第3章にて詳細に説明します。

Q2-1 銀行業の勘定科目

銀行業の貸借対照表や損益計算書では，どのような勘定科目を使用すればよいのでしょうか。

Answer Point

- 銀行業の財務諸表は銀行法その他規制（Q2-2に詳述）を受けることから，事業会社と異なる勘定科目が用いられます。
- 銀行業が使用することとなる勘定科目は銀行法施行規則の別紙様式に定められています。

銀行業は，その業務の特性から，メーカーや，サービス業等の事業会社とは異なる勘定科目を有しています。勘定科目における違いとして，預金は事業会社では銀行に預けて「運用」しているため，貸借対照表の借方に計上されますが，銀行業においては預金者から「調達」するものであるため，貸借対照表の貸方に計上されることが挙げられます。また，銀行が参加している短期資金市場で取引されるコールローン・コールマネーといった特徴的な資産科目・負債科目も貸借対照表に計上されます。これ以外にも銀行法施行規則で特定取引勘定（トレーディングにより生じる資産負債等）の設置を要する銀行においては特定取引勘定が貸借対照表に計上されます。

また，財務諸表等規則は別記事業に定められた業種以外を対象にして勘定科目や様式を定めていますが，銀行業は「別記事業」とされており，銀行法施行規則の別紙様式に勘定科目や様式が定められています（財規第２条)。これによりたとえば，事業会社では貸借対照表に計上されない「保証債務」が「支払承諾」(「支払承諾見返」が相手科目）として貸借対照表に計上されることや流動性配列法によらないこと等が違いとして挙げられます。

事業会社と銀行業の貸借対照表および損益計算書における勘定科目は，**図表２－１－１**，**図表２－１－２**のとおりとなります。

図表2-1-1　事業会社と銀行業の貸借対照表

	事業会社	銀行業
資産の部	流動資産 現金及び預金 受取手形 △貸倒引当金 売掛金 △貸倒引当金 有価証券 商品及び製品 繰延税金資産 未収収益 短期貸付金 未収入金 ・・・・・・・ 固定資産 有形固定資産 無形固定資産 投資その他の資産 ・・・・・・・ 繰延資産 ・・・・・・・	現金預け金 コールローン 買現先勘定 債券貸借取引支払保証金 買入手形 買入金銭債権 特定取引資産 金銭の信託 有価証券 貸出金 外国為替 その他資産 有形固定資産 無形固定資産 繰延税金資産 支払承諾見返 貸倒引当金 ・・・・・・・
負債の部	流動負債 支払手形 買掛金 短期借入金 未払費用 未払法人税等 繰延税金負債 資産除去債務 ・・・・・・・ 固定負債 社債 長期借入金 長期未払金 退職給付引当金 繰延税金負債 資産除去債務 ・・・・・・・	預金 譲渡性預金 コールマネー 売現先勘定 債券貸借取引受入担保金 売渡手形 特定取引負債 借用金 外国為替 短期社債 社債 その他負債 退職給付引当金 特別法上の引当金 繰延税金負債 支払承諾 ・・・・・・・
純資産の部	株主資本 資本金 資本剰余金 ・・・・・・・ 利益剰余金 ・・・・・・・ △自己株式 評価・換算差額等 ・・・・・・・	資本金 資本剰余金 ・・・・・・・ 利益剰余金 ・・・・・・・ △自己株式 評価・換算差額等 ・・・・・・・

- 銀行業は流動性配列法ではないため，「流動資産」，「固定資産」，「繰延資産」という区分がなされない。
- 銀行業の業務である短期資金や現先等の運用に係る科目が表示される。
- 銀行業に商品・製品等の科目はない。
- 事業会社では資産に計上される預金が銀行業にとっては調達となるため負債に表示される。
- 資産同様，銀行業に特徴的な調達に係る科目が計上される。
- 特別法により要請される引当金（現在は金融商品取引責任準備金が該当する）が計上される。
- 銀行業では，保証債務は「支払承諾」として貸借対照表に計上される（相手科目として資産の部に「支払承諾見返」が計上される）。

（出所：銀行法施行規則別紙様式第6号の4，財務諸表等規則様式第五号より作成）

図表2-1-2　事業会社と銀行業の損益計算書

（出所：銀行法施行規則別紙様式第6号の4，財務諸表等規則様式第六号より）

Q2-2 銀行業の会計基準等

銀行の会計処理や表示および開示を検討するにあたって，参照すべき会計基準等にはどのようなものがありますか。

Answer Point

- 銀行業についても，事業会社と同様に企業会計基準委員会が定める会計基準等に基づき会計処理の原則および手続を採用することとなります。なお，銀行業が会計処理の原則および手続を採用する際には，銀行業の業種特性を考慮し日本公認会計士協会により公表された会計制度委員会報告等を適用・参照することがあります。
- 銀行業についても，事業会社と同様に会社計算規則および財規に基づき表示および開示を検討します。ただし，銀行法，銀行法施行令および銀行法施行規則が定められており，会社法や会社計算規則，財規に優先してこれらの法令等が適用されることが，事業会社と異なります。
- 採用した会計処理の原則および手続のうち，重要なものについては重要な会計方針に関する注記が必要となります。注記にあたっては，関連する会計基準等の定めが明らかでない場合についても，重要なものについては注記が必要となる点について留意が必要です。

(1) 会計基準等への準拠

銀行業についても，メーカーやサービス業等の事業会社と同様に企業会計基準委員会が定める会計基準等に基づき会計処理の原則および手続を採用することとなります。この点，企業会計基準適用指針第24号「会計方針の開示，会計上の変更及び誤謬の訂正に関する会計基準の適用指針」（以下，「会計方針の開示及び過年度遡及適用指針」という）では，「会計基準等」とは，以下のもの，その他の一般に公正妥当と認められる会計処理の原則および手続を明文化して定めたものをいうとされています（会計方針の開示及び過年度遡及適用指針第５項）。なお，法令等により会計処理の原則および手続が定められているときは，当該法令等も一般に公正妥当と認められる会計基準等に含まれる場合があります（会計方針の開示及び過年度遡及適用指針第16項）。

①　企業会計基準委員会が公表した企業会計基準
②　企業会計審議会が公表した会計基準（企業会計原則等を含む）
③　企業会計基準委員会が公表した企業会計基準適用指針
④　企業会計基準委員会が公表した実務対応報告
⑤　日本公認会計士協会が公表した会計制度委員会報告（実務指針），監査・保証実務委員会報告および業種別監査委員会報告のうち会計処理の原則および手続を定めたもの

この点，銀行業が会計処理の原則および手続を採用する際には，銀行業の業種特性を考慮し日本公認会計士協会により公表された会計制度委員会報告等を適用・参照することがあります。具体的には次頁**図表２－２**のとおりです。

これらのほかに，一般社団法人全国銀行協会が会員行宛に発出している会計処理におけるガイドラインとして，「銀行業における決算経理要領等について」およびその他全銀協通達等があります。

図表2-2　日本公認会計士協会が定める実務指針等

名　称	内　容
【日本公認会計士協会が定めているもの】	
ローン・パーティシペーションの会計処理及び表示（会計制度委員会報告第３号）	債権流動化の一形態であるローン・パーティシペーションが行われた場合の原債権者および参加者の会計処理および表示について示したもの。
銀行等金融機関の資産の自己査定並びに貸倒償却及び貸倒引当金の監査に関する実務指針（銀行等監査特別委員会報告第４号）	主として貸倒償却および貸倒引当金の計上に関する監査上の取扱いを定めているもの。
銀行等金融機関において貸倒引当金の計上方法としてキャッシュ・フロー見積法（DCF法）が採用されている場合の監査上の留意事項（日本公認会計士協会）	貸倒引当金の計上方法としてDCF法が採用されている場合に，貸倒引当金の妥当性を判断する上での監査上の留意事項を取りまとめたもの。
銀行等金融機関の正常先債権及び要注意先債権の貸倒実績率又は倒産確率に基づく貸倒引当金の計上における一定期間に関する検討（日本公認会計士協会）	貸倒引当金の計上にあたって考慮される損失見込期間について検討がなされたもの。
銀行業における金融商品会計基準適用に関する会計上及び監査上の取扱い（業種別委員会実務指針第24号）	銀行業の業種特性を考慮の上，金融商品会計基準を適用する場合（ヘッジ会計の適用，連結会社間取引・内部取引及び割引手形の取扱い等）の会計上および監査上の取扱いを明らかにしたもの。
銀行業における外貨建取引等の会計処理に関する会計上及び監査上の取扱い（業種別委員会実務指針第25号）	銀行業の業種特性を考慮の上，金融商品会計基準および企業会計審議会「外貨建取引等会計処理基準」を適用する場合（外貨建取引に係るヘッジ会計および内部取引・連結会社間取引に該当する通貨スワップ等の取扱い等）の会計上および監査上の取扱いを明らかにしたもの。
資本性適格貸出金に対する貸倒見積高の算定及び銀行等金融機関が保有する貸出債権を資本性適格貸出金に転換した場合の会計処理に関する監査上の取扱い（業種別委員会実務指針第32号）	資本性適格貸出金の貸倒見積高の算定やデット・デット・スワップ（DDS）等がなされた場合の会計処理に関する監査上の取扱いを取りまとめたもの。

名　　称	内　　容
銀行等金融機関における金融商品の時価の算定に関する監査上の留意事項（業種別委員会研究報告第13号），銀行等金融機関における金融商品の状況の開示の監査に関する実務指針（業種別委員会報告第45号）	企業会計基準第30号「時価の算定に関する会計基準」等および企業会計基準適用指針第19号「金融商品の時価等の開示に関する適用指針」の適用にあたり，銀行等金融機関の監査上，業種の特性等を踏まえた対応が必要なため，監査上の留意事項を取りまとめたもの。

(2) 法令等への準拠

上記（1）と同様に法令等についても，銀行業は，メーカーやサービス業等の事業会社と同様に会社法や金商法の適用を受けます。そのため，会社法上の計算書類を作成する際には会社計算規則に基づき，有価証券報告書における財務諸表等を作成する際には財規に基づいて表示および開示を検討していくことが必要となります。ただし，銀行業の公共性や社会性といった観点から，銀行法，銀行法施行令および銀行法施行規則が定められており，会社法や会社計算規則，財規に優先してこれらの法令等が適用されることが，事業会社と異なります。

たとえば会社計算規則において事業年度は「１年を超えることができない」と定められているのみですが（会社計算規則第59条第２項），銀行業においては「４月１日から翌年３月31日まで」とされており（銀行法第17条），３月決算とする必要があります。また，剰余金の配当を行うにあたり，事業会社よりも厚い利益準備金の積立てが要求されています（銀行法第18条）。ほかにも，20億円以上の最低資本金の定め（銀行法施行令第３条），減資をする場合の内閣総理大臣による認可の定め（銀行法第５条第３項）等が法令で定められています。

また，表示および開示については，銀行法施行規則別紙様式にその様式が示されています。この点，計算書類を作成する際には，別記事業を営む会社が作成すべき計算関係書類の用語，様式および作成方法については，その法令または準則の定めによることとされており（会社計算規則第118条第１項本文），銀行法施行規則別紙様式に従うことになります。ただし，会社計算規則第118条ただし書の定めのとおり，その法令または準則に定めのない事項については，この限りではありません。

また，有価証券報告書における財務諸表等を作成する際には，別記事業を営む会社が金商法の規定により提出する財務諸表の用語，様式および作成方法については，財規第11条から第68条の２まで，財規第68条の4から第77条まで，財規第79条から第109条までおよび財規第110条から第121条までの規定にかかわらず，その法令または準則の定めによるものとされ（財規第２条），銀行法施行規則別紙様式に従うことになります。たとえば，財規第８条の２に定められる重要な会計方針の注記や財規第８条の３に定められる会計方針の変更に伴う注記等，財規第２条に掲げられている条項以外については，財規の定めに従うことになります。なお，当該取扱いについては財規第10条，財規の「別記」および財規ガイドラインの「別記事業関係」についても合わせて参照する必要があります。

また，そのほかに不良債権の開示（金融再生法第７条，銀行法施行規則第19条の２第５項）も求められています。

(3) 会計方針の開示

銀行が財務諸表の作成にあたって採用した会計処理の原則および手続（会計方針）のうち，重要な会計方針について，財務諸表に注記することとされています（企業会計基準第24号「会計方針の開示，会計上の変更及び誤謬の訂正に関する会計基準」（以下，「会計方針の開示及び過年度遡及会計基準」という）第４－４項。なお，第４－５項から第４－６項も合わせて参照）。当該注記にあたっては，重要な会計方針に関する注記の開示目的（会計方針の開示及び過年度遡及会計基準第４－２項）を示した上で，関連する会計基準等（会計方針の開示及び過年度遡及適用指針第５項の会計基準等をいう。以下同じ）の定めが明らかな場合のみならず，関連する会計基準等の定めが明らかでない場合（会計方針の開示及び過年度遡及会計基準第４－３項）に会計処理の原則および手続を採用するときも，重要な会計方針に関する注記が必要であることが明確化された点に留意が必要です。

また，関連する会計基準等の定めが明らかでない場合に該当するものとしては以下のものが挙げられます（会計方針の開示及び過年度遡及会計基準第44-４項，第44-５項）。

- 関連する会計基準等が存在しない新たな取引や経済事象が出現した場合
- 対象とする会計事象等自体に関して適用される会計基準等については明らかではないものの，参考となる既存の会計基準等がある場合
- 業界の実務慣行とされている会計処理の原則および手続のみが存在する場合（企業が所属する業界団体が当該団体に所属する各企業に対して通知する会計処理の原則および手続が含まれます）

そのため，上記（1）において解説した「銀行業における決算経理要領等について」およびその他全銀協通達等については，通常，「企業が所属する業界団体が当該団体に所属する各企業に対して通知する会計処理の原則および手続」に該当するものと考えられます。

そのほかに，銀行業について業として行う債務の保証について，偶発債権については支払承諾見返として，偶発債務については支払承諾として処理を行っています。これは銀行施行規則別紙様式により貸借対照表能力が与えられるものと解されており，銀行法施行規則は「法令等」に該当するものと考えられます（支払承諾に関する詳細についてはQ3-20をご参照ください）。また当該会計上の取扱いのほか代替的な方法の定めはないことから，銀行業における債務保証についての会計上の取扱いについては，会計方針の開示は省略することができると考えられます。

Q2-3 会計上の見積りの開示に関する会計基準

企業会計基準第31号「会計上の見積りの開示に関する会計基準」により，どのような開示が求められるのでしょうか。

Answer Point

- 会計上の見積りは，財務諸表に計上する金額に係る見積りの方法や，見積りの基礎となる情報が財務諸表作成時にどの程度入手可能であるかはさまざまであり，会計上の見積りの内容についての情報は，財務諸表利用者にとって有用な情報となります。
- 当年度の財務諸表に計上した金額が会計上の見積りによるもののうち，翌年度の財務諸表に重要な影響を及ぼすリスクがある項目における会計上の見積りの内容について，財務諸表利用者の理解に資する情報を開示します。
- 会計上の見積りの開示は独立の注記項目とし，当年度の財務諸表に計上した金額および会計上の見積りの内容について財務諸表利用者の理解に資するその他の情報の記載が求められています。

(1) 会計基準の概要，開示目的

「会計上の見積り」とは，資産および負債や収益および費用等の額に不確実性がある場合において，財務諸表作成時に入手可能な情報に基づいて，その合理的な金額を算出することをいいます（企業会計基準第31号「会計上の見積りの開示に関する会計基準」（以下，「企業会計基準第31号」という）第３項）。

会計上の見積りは，財務諸表作成時に入手可能な情報に基づいて合理的な金額を算出するものですが，財務諸表に計上する金額に係る見積りの方法や，見積りの基礎となる情報が財務諸表作成時にどの程度入手可能であるかはさまざまであり，その結果，財務諸表に計上する金額の不確実性の程度もさまざまとなります。したがって，財務諸表に計上した金額のみでは，当該金額が含まれる項目が翌年度の財務諸表に影響を及ぼす可能性があるかどうかを財務諸表利用者が理解することは困難となります。

このため，本会計基準は，当年度の財務諸表に計上した金額が会計上の見積りによるもののうち，翌年度の財務諸表に重要な影響を及ぼすリスク（有利となる場合および不利となる場合の双方が含まれる）がある項目における会計上の見積りの内容について，財務諸表利用者の理解に資する情報を開示することを目的としています（企業会計基準第31号第４項）。なお，会計上の見積りは，企業の置かれている状況に即して行われるものであることから，財務諸表利用者の理解に資する情報を開示するためには，当該企業の置かれている状況について財務諸表利用者が理解できるような情報を開示する必要があります。また，企業の置かれている状況に加えて，企業による当該状況の評価に関する情報を開示することも財務諸表利用者が財務諸表を理解するために有用であると考えられます（企業会計基準第31号第18項）。

(2) 開示項目の識別

会計上の見積りの開示を行うにあたり，当年度の財務諸表に計上した金額が会計上の見積りによるもののうち，翌年度の財務諸表に重要な影響を及ぼすリスクがある項目を識別します。また，識別する項目は，通常，当年度の財務諸表に計上した資産および負債となり，翌年度の財務諸表に与える影響を検討するにあたっては，影響の金額的大きさやその発生可能性を総合的に勘案して判断します（企業会計基準第31号第５項）。このため，たとえば，当年度において固定資産について減損損失の認識は行わないとした場合でも，翌年度の財務諸表に重要な影響を及ぼすリスクを検討した上で，当該固定資産を開示する項目として識別する可能性があります。

なお，翌年度の財務諸表に重要な影響を及ぼすリスクがある場合には，当年度の財務諸表に計上した収益および費用，ならびに会計上の見積りの結果，当年度の財務諸表に計上しないこととした負債を識別することを妨げないとされています。また，注記において開示する金額を算出するにあたって見積りを行ったものについても，翌年度の財務諸表に重要な影響を及ぼすリスクがある場合には，これを識別することを妨げないとされています（企業会計基準第31号第23項）。

なお，直近の市場価格により時価評価する資産および負債の市場価格の変動は，会計上の見積りに起因するものではないため，項目を識別する際に考慮しません（企業会計基準第31号第24項）。

(3) 開示内容

識別した項目について，識別した会計上の見積りの内容を表す項目名を注記します。なお，会計上の見積りの開示は独立の注記項目とし，識別した項目が複数ある場合には，それらの項目名は単一の注記として記載します（企業会計基準第31号第6項）。

識別した項目のそれぞれについて，注記した項目名に加えて次の事項を注記します。

① 当年度の財務諸表に計上した金額

② 会計上の見積りの内容について財務諸表利用者の理解に資するその他の情報

①および②の事項の具体的な内容や記載方法（定量的情報もしくは定性的情報，またはこれらの組み合わせ）については，開示目的に照らして判断します。たとえば，①の注記事項については，財務諸表に表示された金額そのものではなく，会計上の見積りの開示の対象項目となった部分に係る計上額を開示することが適切な場合もあると考えられます。

なお，①および②の事項について，会計上の見積りの開示以外の注記に含めて財務諸表に記載している場合には，会計上の見積りに関する注記を記載するにあたり，当該他の注記事項を参照することにより当該事項の記載に代えることができます（企業会計基準第31号第7項）。

②の「会計上の見積りの内容について財務諸表利用者の理解に資するその他の情報」として開示目的に照らして注記する事項には，たとえば，次のような

ものが挙げられます（企業会計基準31号第８項）。

(i)　当年度の財務諸表に計上した金額の算出方法

(ii)　当年度の財務諸表に計上した金額の算出に用いた主要な仮定

(iii)　翌年度の財務諸表に与える影響

なお，(ii)の主要な仮定については，(i)の当年度の財務諸表に計上した金額の算出方法に対するインプットとして想定される数値（定量的な情報）もしくは当該定量的な情報の前提となった状況や判断の背景の説明（定性的な情報）または定量的な情報と定性的な情報の双方の場合もあると考えられます。ただし，これらの情報は，単に会計基準等における取扱いを算出方法として記載するのではなく，財務諸表利用者が企業の置かれている状況を理解できるようにすることで有用な情報となります（企業会計基準31号第29項）。

(iii)の翌年度の財務諸表に与える影響に関する情報の開示は，定量的情報もしくは定性的情報，またはこれらの組み合わせにより行うことが考えられます。翌年度の財務諸表に与える影響を定量的に示す場合には，単一の金額のほか，合理的に想定される金額の範囲を示すことも考えられます。ただし，これらの情報は，単に会計基準等における取扱いに基づく結果としての影響を翌年度の財務諸表に与える影響として記載するのではなく，企業の置かれている状況が理解できるようにすることで，財務諸表利用者に有用な情報となります（企業会計基準31号第30項）。

一般に銀行等金融機関では，貸倒引当金の算定が重要な会計上の見積りの１つに該当すると考えられます。貸倒引当金の算定においては，たとえば，債務者の将来の収益状況やキャッシュ・フローの状況，債務者の再建計画の合理性や実現可能性，担保評価などさまざまな仮定が存在しますが，このうち各銀行等金融機関の状況に照らし，不確実性の重要な要因となるものを主要な仮定として開示することが考えられます。また，主要な仮定についてどのような状況が生じた場合に，翌期の財務諸表に影響を及ぼす可能性があるのかを開示することが考えられます。

第3章

銀行業に特有の個別論点

第3章では，銀行業における会計上の個別論点について解説します。銀行であっても一般事業会社と同様に，一般に公正妥当と認められる企業会計の基準に従い会計処理を行う必要があります。しかし，銀行はその業務の特殊性から，銀行法，銀行法施行規則，全国銀行協会の定める決算経理要領・通達，日本公認会計士協会の業種別委員会実務指針なども準拠・参照する必要があります。
したがって，本章においては，各種フレームワークに基づく銀行業特有の処理や，実務上において論点となる箇所について個別具体的に解説します。

Q3-1 有価証券の範囲

金融商品会計基準における有価証券の範囲について教えてください。

Answer Point

- 金融商品取引法において有価証券に該当せず，有価証券として取り扱うものとして，国内譲渡性預金（CD）が挙げられています。
- 金融商品取引法において，信託受益権は有価証券とみなされていますが，金融商品会計基準においては，一部の信託受益権は有価証券として取り扱われません。

解説

金融商品取引法第2条第1項および第2項では，有価証券の種類を限定列挙する形で有価証券の定義が行われています。金融商品取引法では株券や社債券等に加えて，信託受益権も有価証券とみなして取り扱われています。

一方，金融商品会計基準における有価証券の範囲は，原則として，金融商品取引法に定義されている有価証券に基づきますが，一定の金融商品については，以下のような例外が設けられています（金融商品会計基準（注1－2），金融商品実務指針第8項，第58項）。

（1）有価証券として取り扱うもの

金融商品取引法上に定義する有価証券でなくても，金融商品取引法上の有価証券に類似し企業会計上の有価証券として取り扱うことが適当と認められるものについては，金融商品会計基準上の有価証券の範囲に含められます。有価証券に類似する活発な市場がある国内CDがこれに該当します。したがって，国

図表3-1　有価証券の範囲

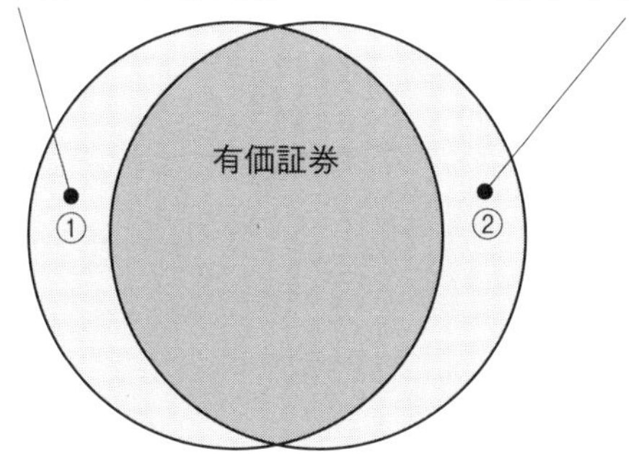

①：国内CDなど
②：金融商品取引法第２条第２項第１号および
　　第２号に該当する信託受益権
　　（ただし，有価証券として取り扱うものを除く）

内CDについては有価証券に準じて取得原価または償却原価法に基づき会計処理を行いますが，銀行経理上は譲渡性預け金として「預け金」勘定で表示することになります。

(2) 有価証券として取り扱わないもの

金融商品取引法に定義する有価証券であっても，企業会計上の有価証券として取り扱うことが適当とは認められないものについては，金融商品会計基準において有価証券として取り扱われないことになります。これに該当するものとして，金融商品会計基準において信託受益権（金融商品取引法第２条第２項第１号および第２号に該当するものに限る）が挙げられています。これは信託受益権の保有形態や信託財産の種類に応じて会計処理が異なっており，一律に有価証券として取り扱うことが適切ではないと考えられるためです。これら有価証券として取り扱われない信託受益権については，銀行経理上，銀行法施行規則第12条に定められた金銭債権を買い入れた場合には「買入金銭債権」として表示されます。また，自ら委託者となり金銭の信託を設定し信託受益権を取得した場合には，「金銭の信託」として表示されます（信託の会計処理についてはQ3-2参照)。

なお，信託受益権が優先劣後等のように質的に分割されており，信託受益権の保有者が複数である場合（Q3-2（1）④参照）など，有価証券とみなして取り扱うことが適当と認められるものは，企業会計上，有価証券として取り扱われることになります。

Q3-2　信託の会計処理の取扱い

信託はそれぞれどのように会計処理されるのでしょうか。

Answer Point

- 信託財産の種類により金銭の信託と金銭以外の信託に分類され，それぞれ受益者が単数か複数かによって会計処理が異なります。
- 新信託法の公布に伴い，新たな類型の信託の会計処理が明示されています。

(1) 一般的な信託の会計処理の概要

信託の会計処理については，信託設定時の信託財産が金銭である「金銭の信託」と有価証券や土地など金銭以外である「金銭以外の信託」に分類され，さらに，それぞれ，委託者兼当初受益者が単数である場合（合同運用を除く）と複数である場合（合同運用を含む）に分類することができます（信託の会計処理に関する実務上の取扱い）。

①　金銭の信託（委託者兼当初受益者が単数の場合）

(a)　信託設定時の会計処理

委託者兼当初受益者は，信託財産となる金銭を金銭の信託であることを示す適切な科目に振り替えます。

(b)　期末時の会計処理

委託者兼当初受益者が単数である金銭の信託の信託財産構成物は，その保有目的区分に応じて，金融商品会計基準等に従い評価および会計処理を行った場合の評価額を付し，それらの合計額をもって信託契約に係る貸借対照表価額とします。したがって，運用を目的とする金銭の信託の信託財産である金融資産および金融負債については，金融商品会計基準等により付すべき評価額を合計した額をもって貸借対照表価額とし，その評価差額は当期の損益として処理することになります（金融商品会計基準第24項および金融商品実務指針第98項）。

② 金銭の信託（委託者兼当初受益者が複数の場合）

(a) 信託設定時の会計処理

委託者兼当初受益者は，信託財産となる金銭を有価証券または合同運用の金銭の信託であることを示す適切な科目に振り替えます。

(b) 期末時の会計処理

金銭の信託の受益者は，有価証券または有価証券に準じて会計処理を行うことになります。ただし，預金と同様の性格を有する合同運用の金銭の信託（投資信託を含む）は，取得原価をもって貸借対照表価額とします（投資信託についてはQ3-14をご参照ください）。

なお，信託は財産管理の制度としての特徴を有しており，通常，会社に準じる事業体に該当するとはいえませんが，受益者が複数である金銭の信託の中には，一定の要件を満たした場合に，連結財務諸表上，子会社および関連会社と判定されるものがあります。

③ 金銭以外の信託（委託者兼当初受益者が単数の場合）

(a) 信託設定時の会計処理

有価証券を含む金融資産の信託や不動産の信託などにおいて，受益者は，信託財産を直接保有する場合と同様の会計処理を行うことになります（金融商品実務指針第78項および第100項(1)，特別目的会社を活用した不動産の流動化に係る譲渡人の会計処理に関する実務指針第44項）。このため，信託設定時に，委託者兼当初受益者において損益は計上されません。

(b) 期末時の会計処理

金銭以外の信託の受益者は，信託財産を直接保有する場合と同様に会計処理するため，信託財産のうち持分割合に相当する部分を受益者の貸借対照表に資産および負債として計上し，損益計算書においても同様に持分割合に応じて処理します。ただし，重要性が乏しい場合はこの限りではありません。

なお，委託者兼当初受益者が単数である金銭以外の信託であっても，以下の場合には，各受益者が当該信託財産を直接保有するものとみなして会計処理を行うことが困難であることから，受益者の個別財務諸表上，受益権を当該信託に対する金銭債権または有価証券の保有とみなして評価します。

- 受益権が優先劣後等のように質的に異なるものに分割されており，かつ，譲渡等により受益者が複数となる場合
- 受益権の譲渡等により受益者が多数となる場合

ただし企業が自ら保有する金融資産を信託するとともに，信託受益権を優先と劣後に分割し，その劣後受益権を自らが保有して優先受益権を第三者に譲渡する場合で，かつ，優先受益権が委託者たる譲渡人にとって金融資産の消滅の認識要件を満たす場合には，自らが保有する劣後受益権は，新たな金融資産の購入としてではなく，譲渡した金融資産の残存部分として評価することになります（金融商品実務指針第100項⑵ただし書）。

④　金銭以外の信託（委託者兼当初受益者が複数の場合）

⒜　信託設定時の会計処理

委託者兼当初受益者が複数である金銭以外の信託を設定した場合，各委託者兼当初受益者は，受託者に対してそれぞれの財産を移転し，受益権を受け取ることとなります。

ただし，当該信託の設定は，共同で現物出資により会社を設立することに類似するものであるため，現物出資による会社の設立における移転元の企業の会計処理（事業分離等に関する会計基準第31項）に準じて，当該委託者兼当初受益者が当該信託について支配することも，重要な影響を及ぼすこともない場合には，その個別財務諸表上，原則として，移転損益を認識することが適当であると考えられます。この場合，当該受益者が受け取った受益権の取得原価は，信託した財産に係る時価または当該受益権の時価のうち，より高い信頼性をもって測定可能な時価に基づいて算定されます。

(b) 期末時の会計処理

受益者は，自己が保有していた財産を信託し，その財産に対応する受益権を受け取った場合には，受益権を信託に対する有価証券の保有とみなして会計処理します。

図表3-2 信託の会計処理

委託者兼当初受益者	単数（合同運用を除く）	複数（合同運用を含む）
金銭の信託	金融商品会計基準に基づき，金銭の信託として会計処理	有価証券または有価証券に準じて会計処理
金銭以外の信託	信託財産を直接保有する場合と同様の会計処理（ただし，受益者が多数の場合等，それが困難な場合には，受益権を信託に対する有価証券の取得として会計処理）	共同で現物出資により会社を設立する時における移転元企業の会計処理に準じて会計処理

(2) 新たな類型の信託の会計処理

① 事業の信託

事業の信託は金銭以外の信託に当たるので，金銭以外の信託に準じて会計処理を行います。

② 受益者の定めのない信託（目的信託）

委託者がいつでも信託を終了できるなど，通常の信託とは異なるため，原則として委託者の財産として会計処理します。

③ 自己信託

委託者が自ら受託者になる自己信託は，基本的に他者に信託した通常の信託と相違ないと考えられるため，委託者兼当初受益者が単数の場合に準じて会計処理します。

Q3-3　金銭の信託の保有目的

金銭の信託の保有目的区分および保有目的ごとの会計処理について教えてください。また，金銭の信託の類似の商品として投資信託や商品ファンドがありますが，これらはどのように会計処理されるのでしょうか。

Answer Point

- 金銭の信託は，一般に運用を目的とするものであると推定されると定められています。運用目的以外の目的とするためには，それが客観的に判断できることが必要です。
- 金銭の信託の信託財産構成物は，その保有目的区分に従い金融商品会計基準等に基づき評価および会計処理します。
- 投資信託，商品ファンドへの投資は一部を除き有価証券として会計処理をします。

(1) 金銭の信託の保有目的区分

金銭の信託は，保有目的により運用目的，満期保有目的，その他目的の３つに区分することができます。これらの判定と会計処理は信託契約の単位ごとに行います（金融商品実務指針第97項)。なお，金銭の信託の信託財産構成物は，その保有目的区分に従い金融商品会計基準等に基づき評価および会計処理します。

①　運用目的

運用目的の金銭の信託（合同運用を除く。以下同じ）とは，信託財産構成物の短期的な売買等で信託財産の価値を上昇させ，受益者に帰属させるものです。特定金銭信託または指定金外信託等については，一般に運用を目的とするものと考えられますので，運用以外の目的であることが明確である場合を除き，金銭の信託は運用目的であると推定されます（金融商品会計基準第87項）。この点で有価証券の保有目的の考え方とは異なるので留意が必要です。

②　満期保有目的

金銭の信託を満期保有目的に区分し，信託財産構成物である債券を満期保有目的の債券として会計処理するためには，自己で保有している満期保有目的の債券の適格要件および分類要件を満たしていることに加えて，信託契約において，原則として受託者に信託財産の売却を禁止しており，かつ，信託期日と債券の償還期限とが一致していることなどが明確である必要があります（金融商品実務指針第97項）。

しかしながら，金銭の信託の構成物であるすべての銘柄の債券の償還期限が一致していることは必要なく，償還期限が信託期日前であることを禁じているわけでもありません。なお，一部の銘柄の債券の償還期限が信託期日前に到来するため，さらに他の債券へ再投資する場合も想定されますが，当該再投資対象債券に関しても，償還期限が信託期日を超えなければ，当該信託契約は満期保有目的の要件を満たしていることになります（金融商品Q&A Q35）。

③　その他目的

金銭の信託をその他目的に区分し，信託財産構成物である有価証券をその他有価証券として区分するためには，信託契約時において，企業が当該信託を通じて有価証券等を保有する目的が，運用目的または満期保有目的のいずれにも該当しないという積極的な証拠によって裏づけられ，かつ，その後，信託財産構成物である有価証券の売買を頻繁に繰り返していないという事実に基づかなければなりません（金融商品実務指針第97項）。

ここでいう積極的な証拠とは，金銭の信託の目的が運用目的に該当しないものであり，かつ，その目的が客観的で明確であることを示す企業の意思決定文書を指すものと考えられます。なお，その文書には，以下の内容が含まれる必要があると考えられます。

- その他有価証券を自己で直接保有せずに金銭の信託で保有する理由
- 金銭の信託の目的
- 有価証券の売却が，委託者が事前に指示した方針に基づくこと
- 運用報告書を定期的に入手してモニタリングすること

また，信託契約書において，信託の目的を明記することが必要と考えられます（金融商品Q&A Q36）。

図表3-3　金銭の信託の保有目的区分

金銭の信託の保有目的区分	要　件	信託財産構成物である有価証券の会計処理
運用目的	一般に運用目的が推定。	売買目的有価証券として時価評価し，評価損益は当期の損益として処理。
満期保有目的	信託契約において，原則として受託者に信託財産の売却を禁止しており，かつ，信託期日と債券の償還期限とが一致していることが必要。	満期保有目的の債券として償却原価法により処理。
その他	運用目的または満期保有目的のいずれにも該当しないという積極的な証拠と，信託財産構成物である有価証券の売買を頻繁に繰り返していないという事実が必要。	その他有価証券として時価評価し，評価差額は自己で直接保有するその他有価証券と同様に処理。

(2) 類似の商品の会計処理

金銭の信託に類似する商品として商品ファンドがあります。商品ファンドは投資家の金銭による投資に対して，運用結果に基づき金銭による持分の償還を行う契約ですが，商品ファンドの契約形態にかかわらず，商品ファンドへの投資は有価証券として会計処理をします。すなわち，投資家の運用目的が短期運用目的のものは売買目的有価証券として，また，中長期運用目的のものはその他有価証券として処理することになります。ただし，商品ファンドはそのスキームの性格から，満期保有目的の債券とすることは認められません（金融商

品Q&A Q44)。

なお，投資信託および合同運用の金銭の信託のうち，預金と同様の性格を有するものは，取得原価をもって貸借対照表価額とします（金融商品実務指針第64項)。これらは有価証券に属しますが，預金と同様に実質的に元本の毀損のおそれがほとんどないものであれば，時価で評価しなくとも実務上の弊害がないと考えられるためです（投資信託については**Q3-14**をご参照ください)。

Q3-4 有価証券の認識基準

有価証券の売買契約を締結したものの受渡しと代金決済は後日行われる場合，買手はいつ有価証券の発生を認識し，売手はいつ有価証券の消滅の認識をすればよいのでしょうか。

Answer Point

- 有価証券の発生および消滅の認識にあたり，売買契約の約定日から受渡日までの期間が市場の規則等に従った通常の期間である場合，約定日基準もしくは修正受渡日基準を適用します。
- 受渡しに係る通常の期間は，たとえば証券取引所の定める約定日から受渡日までの期間などをいいます。
- 通常の期間を超える場合には，売買契約を先渡契約としてデリバティブ取引と同様の会計処理を行います。

解説

(1) 有価証券の発生および消滅の認識基準

有価証券の売買契約については，約定日から受渡日までの期間が市場の規則または慣行に従った通常の期間である場合，売買約定日に買手は有価証券の発生を認識し，売手は有価証券の消滅の認識を行います（以下，「約定日基準」という）。

ただし，約定日基準に代えて保有目的区分ごとに買手は約定日から受渡日までの時価の変動のみを認識し，また，売手は売却損益のみを約定日に認識することができます（以下，「修正受渡日基準」という）（金融商品実務指針第22項および設例１）。

(2) 受渡しに係る通常の期間

受渡しに係る通常の期間とは，原則として，わが国の上場有価証券については，証券取引所の定める約定日から受渡日までの日数など，金融商品の種類ごとに，かつ，市場または取引慣行ごとに，通常受渡しに要する日数をいいます。

たとえば，上場株式の発行日取引や発行前に約定される債券の店頭取引等については，個別具体的なケースごとに市場の慣行であると合理的に考えられる日数となります（金融商品実務指針第23項）。

なお，国債の普通取引の決済期間については，2018年５月１日より売買契約締結の日から起算して２営業日目の日に決済（T＋１）へ移行が図られており，株式等の普通取引の決済期間についても2019年７月16日より売買契約締結の日から起算して３営業日目の日に決済（T＋２）へ移行が図られており，国債取引および株式取引の決済期間の短縮化が進められてきました。

(3) 通常の期間を超える場合の処理

約定日から受渡日までの期間が通常の期間よりも長い場合，市場性のある有価証券については，通常の期間内に受け渡す有価証券の売買価格に受渡日までの期間の金利等が反映された先渡価格が売買価格となるとともに，売手は，通常，受渡期限まで所有している当該有価証券の経済的便益を享受できることになります。したがって，売買契約を買手も売手も先渡契約として約定日に認識し，決算日における未決済の先渡契約をデリバティブ取引として時価評価し，評価差額を当期の純損益として計上します。ただし，当該先渡契約が，売手にとって売却対象である有価証券に関しヘッジ会計の要件を満たしている場合には，ヘッジ会計を適用します。また，当該先渡契約が，買手にとって予定取引に係るヘッジ会計の要件を満たしている場合には，ヘッジ会計を適用します（金融商品実務指針第236項）。売手は当該有価証券の消滅の認識について，その契約上の権利に対する支配が他に移転する要件（金融商品会計基準第９項）をすべて満たすことが必要です。

なお，市場性のない有価証券の場合には，約定日から受渡日までの期間にかかわらず，通常，当該先渡契約がデリバティブの特徴を有しないため，時価が約定日から変動していないと認められる場合には，受渡日に発生または消滅を認識することになります。

以上で解説した有価証券の認識基準をまとめると，以下の**図表3-4**のとおりとなります。

図表3-4　有価証券の認識基準

受渡期間	認識基準	買手の処理	売手の処理
通常の期間	約定日基準（原則）	有価証券の発生を約定日で認識する。	有価証券の消滅を約定日で認識し，売却損益を約定日で計上する。
	修正受渡日基準（簡便法）	有価証券の発生は受渡日で認識するが，約定日から受渡日までの時価の変動を認識する。	有価証券の消滅は受渡日で認識するが，約定日で売却損益を計上する。
通常の期間を超える	受渡日基準	有価証券の発生は受渡日で認識する。約定日からの受渡日までの時価の変動部分は先渡契約として処理する。	有価証券の消滅は受渡日で認識する。約定日から受渡日までの時価の変動部分は先渡契約として処理する。

なお，消費貸借契約等に基づいて借入れまたはその約定をした有価証券や，自由処分権付担保として受入れまたはその約定をした有価証券を売却した場合には，上記の約定日基準または修正受渡日基準のうち認識基準として採用する基準により受入れおよび売却処理を行うとともに，返還義務を負債として認識する必要があります。

Q3-5 有価証券の減損処理（市場価格のない株式等以外）

有価証券（市場価格のない株式等以外）の時価が下落した場合，減損の判定や会計処理はどのように行うのでしょうか。

Answer Point

- 時価が著しく下落した有価証券について，時価が回復する見込みがあると認められる場合を除き，減損処理を行います。
- 時価が50%程度以上下落した場合は，通常，時価が著しく下落したときに該当します。
- 時価が回復する見込みがあるとは，時価の下落が一時的であり，期末日後おおむね１年以内に時価が取得原価にほぼ近い水準にまで回復する場合を指します。
- 減損処理後の債券には，償却原価法は適用されません。

(1) 時価が著しく下落した場合

満期保有目的の債券，子会社株式および関連会社株式，ならびにその他有価証券のうち，市場価格のない株式等以外のものについて時価が著しく下落したときは，時価が回復する見込みがあると認められる場合を除き，減損処理を行う必要があります。有価証券の時価が「著しく下落した」ときとは，必ずしも数値化できませんが，個々の銘柄の有価証券の時価が取得原価に比べて50％程度以上下落した場合には「著しく下落した」ときに該当します。この場合には，合理的な反証がない限り，時価が取得原価まで回復する見込みがあるとは認められないため，減損処理を行う必要があります。

上記以外の場合には，状況に応じ個々の企業において時価が「著しく下落した」と判断するための合理的な基準を設け，当該基準に基づき回復可能性の判定の対象とするかどうかを判断することになります（金融商品実務指針第91項)。たとえば，資産自己査定において決定した発行体の格付けをもとに，信用リスクの程度が大きい発行体については，時価の回復可能性の程度が低いとし，50%よりも小さい下落率をもって時価が著しく下落したと判断することがあります。

また，個々の銘柄の有価証券の時価の下落率がおおむね30％未満の場合には，一般的には「著しく下落した」ときに該当しないものと考えられます（金融商品実務指針第91項)。

なお，従来，金融商品実務指針では，金融商品会計基準における時価の定義を受けて，金融商品の種類別に至るまでの時価に関する詳細な定めを設けていましたが，時価算定会計基準の設定に伴い，第47項に金融商品会計基準第６項に従う旨の記載のみを残し，時価に関する定めは削除されています。また，同様に，その他有価証券の決算時の時価として期末前１カ月の市場価格の平均に基づいて算定された価額（以下，「平均価額」という）を用いることができる定めも削除されています。ただし，時価が「著しく下落した」ときを判断するにあたっての，時価が取得原価に比べ50％程度以上下落したかどうか，および時価の下落率がおおむね30％未満であるかどうかの検討に際しては，引き続き平均価額を用いることができるものとされています。これは，時価算定会計基準の設定に伴う金融商品会計基準の改正が時価の算定方法を変更するものであり，減損を行うか否かの判断基準を変更するものではないことを踏まえたものです（金融商品実務指針第91項，第284項)。時価に関する考え方については**Q3-43**をご参照ください。

上記に従って有価証券の減損処理を行った場合には，重要性が乏しいものを除きその旨および減損処理額を注記しなければなりません（連結財務諸表規則第15条の６第３項)。また，時価が「著しく下落した」と判断するための「合理的な基準」（金融商品実務指針第284項）について，併せて記載することが適当です。

(2) 時価が回復する見込みがある場合の判定

時価の下落について「回復する見込みがある」と認められるときとは，株式の場合，時価の下落が一時的なものであり，期末日後おおむね１年以内に時価が取得原価にほぼ近い水準にまで回復する見込みのあることを合理的な根拠をもって予測できる場合をいいます。この場合の合理的な根拠は，個別銘柄ごとに，株式の取得時点，期末日，期末日後における市場価格の推移および市場環境の動向，最高値・最安値と購入価格との乖離状況，発行会社の業況等の推移等，時価下落の内的・外的要因を総合的に勘案して検討することが必要です。ただし，株式の時価が過去２年間にわたり著しく下落した状態にある場合や，株式の発行会社が債務超過の状態にある場合または２期連続で損失を計上しており，翌期もそのように予想される場合には，通常は回復する見込みがあるとは認められません。他方，債券の場合は，単に一般市場金利の大幅な上昇によって時価が著しく下落した場合であっても，いずれ時価の下落が解消すると見込まれるときは，回復する可能性があるものと認められますが，格付けの著しい低下があった場合や，債券の発行会社が債務超過や連続して赤字決算の状態にある場合など，信用リスクの増大に起因して時価が著しく下落した場合には，通常は回復する見込みがあるとは認められません（金融商品実務指針第91項，第284項）。

上記の結果，回復する見込みがあると判断された銘柄以外の有価証券については，減損処理を行います。ただし，時価の下落について回復する見込みがあることを合理的な根拠をもって予測するとは，たとえば，決算日後監査報告書提出日前までに時価がおおむね取得原価の水準まで回復している場合など，きわめて限定的と考えられますので，一般的には困難であると考えられます。

なお，減損を行うか否かの判断基準に平均価額を用いた場合であっても，減損損失の算定には期末日の時価を用いることになりますのでご留意ください。

(3) 減損後の償却原価法の適用要否

減損処理を行った債券については，取得価額はもはや金利調整差額とは考えられませんので，以後，償却原価法の適用はありません（金融商品Q&A Q25)。このため，減損処理を行った以降の期では，減損処理後の簿価を基礎として毎期減損判定を実施し，売却日や償還日時点での簿価と売却価額や償還価額との差額が損益として計上されます。

(4) 税務上の取扱い

「有価証券の価額が著しく低下したこと」とは，「当該有価証券の当該事業年度終了の時における価額がその時の帳簿価額のおおむね50％相当額を下回ることとなり，かつ，近い将来その価額の回復が見込まれないことをいうもの」とされています（法基通９－１－７）。

また，時価の回復可能性の判断基準として，国税庁は「上場有価証券の評価損に関するQ&A（平成21年４月）」を公表し，具体的な事例を示しています。

Q3-6 市場価格のない株式等の範囲およびその減損処理

市場価格のない株式等とはどのような有価証券を指すのでしょうか。また，これらの有価証券はどのような状況であれば減損処理を行う必要がありますか。

Answer Point

- 市場価格のない株式等は，市場において取引されていない株式，および，同じく市場において取引されていない出資金などを指します。
- 市場価格のない株式等は，実質価額が著しく低下したときに減損処理を行います。
- 実質価額の算定は，普通株式であれば通常，1株当たりの純資産額を基礎に行われますが，種類株式は普通株式とは異なる考慮が必要となります。
- 実質価額が取得原価に比べて50%程度以上低下した場合は，実質価額が著しく低下したときに該当します。
- 実質価額が著しく低下したとしても，事業計画等を入手して回復可能性が十分な証拠によって裏づけられる場合には，減損処理を行わないことがあります。

(1) 市場価格のない株式等の範囲

市場価格のない株式等とは，市場において取引されていない株式，および，同じく市場において取引されていない出資金など株式と同様に持分の請求権を生じさせる金融資産をいいます（金融商品会計基準第19項）。

改正前の金融商品会計基準および金融商品実務指針においては，「時価を把握することが極めて困難と認められる」金融商品について，当初認識時（金融商品実務指針第29項参照）を除き，会計処理においても開示においても時価の算定は要求されていませんでした。

しかしながら，時価算定会計基準においては，時価のレベルに関する概念を取り入れ，たとえ観察可能なインプットを入手できない場合であっても，入手できる最善の情報に基づく観察できないインプットを用いて時価を算定することとされており，時価を把握することが極めて困難と認められる金融商品は想定されていないことから，当該会計基準の設定に伴い，これらの取扱いは削除されています。ただし，市場価格のない株式等については，たとえ何らかの方式により価額の算定が可能としても，それを時価とはしないとする従来の考え方が踏襲されています。

なお，市場価格のない株式等は，株式または出資金などに限定されており，たとえ，市場価格のない株式等が時価の算定におけるインプットとなる金融商品であっても，デリバティブの特徴を有するものや債券等が市場価格のない株式等に含まれることはありません（時価算定会計基準（案）等に対するコメント「5.主なコメントの概要とその対応」42）の「コメントへの対応」参照)。

したがって，たとえば非公開会社が発行する新株予約権や転換社債型新株予約権付社債は，権利行使により発行される株式が市場において取引されていないものであっても，市場価格のない株式等には含まれないと考えられます。

図表3-6-1 「時価を把握することが極めて困難と認められる」金融商品の整理

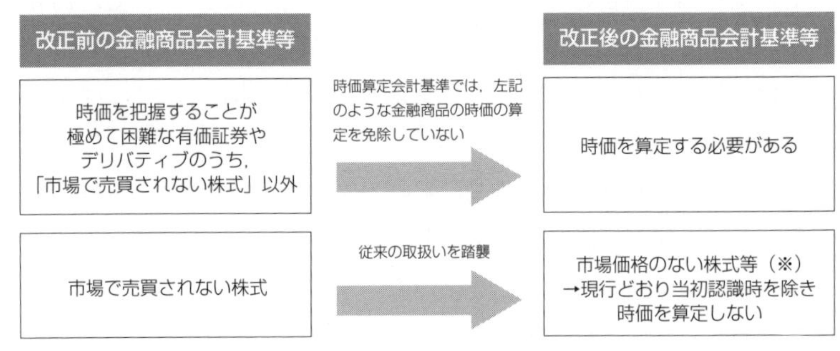

（※）「市場価格のない株式等」とは
■ 市場価格のない株式（市場において取引されていない株式）
■ 出資金（株式と同様に持分の請求権を生じさせるもの）
（金融商品会計基準第19項）

(2) 原則的な減損処理の方法

① 実質価額の算定

市場価格のない株式等については，発行会社の財政状態の悪化により実質価額が著しく低下したときに，相当の減額を行い，評価差額は当期の損失として処理（減損処理）しなければなりません。実質価額は，通常，原則として資産等の時価評価に基づく評価差額等を加味して算定した1株当たりの純資産額に所有株式数を乗じた金額となります。ただし，会社の超過収益力や経営権等を反映して，1株当たりの純資産額を基礎とした金額に比べて相当高い価額が実質価額として評価される場合もあります（金融商品実務指針第92項）。

② 実質価額の著しい低下

市場価格のない株式等の実質価額が「著しく低下したとき」とは，少なくとも株式の実質価額が取得原価に比べて50％程度以上低下した場合をいいます。ただし，市場価格のない株式等の実質価額について，回復可能性が十分な証拠によって裏づけられる場合には，期末において相当の減額をしないことも認められています（金融商品実務指針第92項）。

③　回復する見込みがある場合

市場価格のない株式等の実質価額が著しく低下したとしても，事業計画等を入手して回復可能性を判定できることもあるため，回復可能性が十分な証拠によって裏づけられる場合には，期末において相当の減額をしないことが認められています。実質価額の回復可能性を判定する際に使用する事業計画等は実行可能で合理的なものでなければならず，回復可能性の判定は，事業計画等においておおむね５年以内に回復すると見込まれる金額を上限として行います。

ただし，子会社や関連会社の株式については，実質価額の回復可能性を合理的に判定できる中長期の事業計画等の入手が可能な場合がありますが，外部の会社については通常そのような事業計画の入手が困難であるために，実質価額の回復可能性の判定を行うことなく，その下落率のみによって減損処理を行うことが妥当と思われます。

なお，特定のプロジェクトのために設立された会社については，子会社や関連会社と同様に中長期の事業計画等を入手することが可能な場合があります。当該事業計画等において，開業当初の累積損失が一定期間経過後に解消されることが合理的に見込まれており，かつ，その後の業績が事業計画等を大幅に下回っていなければ，当該会社の株式の実質価額の下落は恒久的なものではないとして，減損処理の対象としないことができます（金融商品実務指針第285項，金融商品Q&A Q33）。

(3) 市場価格のない種類株式の実質価額の算定

特殊な条件が付与された種類株式については，**(1)** ①の方法では適切な実質価額が算定できないものがあります。そのため，市場価格のない種類株式については，以下のように実質価額を算定します（実務対応報告第10号「種類株式の貸借対照表価額に関する実務上の取扱い」Q3）。なお，市場価格のない種類株式のうち，形式的には株式であっても，発行会社が一定の時期に一定額を償還すると定めている種類株式や，発行会社や保有者が一定額で償還する権利を有し取得時点において一定の時期に償還されることが確実に見込まれる種類株式は，債券と同様の性格を持つと考えられるため，債券と同様に取り扱うことが適当です（実務対応報告第10号「種類株式の貸借対照表価額に関する実務上の取扱い」Q1)。債券の減損処理については**Q3-5**をご参照ください。

① 評価モデルを利用する方法

市場価格のない種類株式のうち，普通株式の市場価格と関連性を有するものについては，困難であると認められる場合を除き，割引将来キャッシュ・フロー法やオプション価格モデルなどを利用した評価モデルによる価額を実質価額とします。当該評価モデルについては，原則として，毎期同様のものを使用します。

② 評価モデルを利用して算定された価額を得ることが困難である場合

上記①の方法が困難である場合には，以下の(a)または(b)のような方法により実質価額を算定します。

(a) 1株当たりの純資産額を基礎とする方法

利益配当請求権に関する普通株式との異同や転換を請求できる権利の条件等を考慮して，種類株式の普通株式相当数を算定することが可能な場合には，資産等の時価評価に基づく評価差額等を加味して算定した発行会社の純資産額を，種類株式の普通株式相当数と普通株式数の合計で除した1株当たりの純資産額に，所有する当該種類株式の普通株式相当数を乗じて実質価額を算定することが考えられます。

種類株式の実質価額＝発行会社の純資産÷（種類株式の普通株式相当数＋普通株式数）×種類株式の普通株式相当数

ここでいう種類株式の普通株式相当数とは，たとえば，普通株式への転換を仮定した場合の普通株式数など，1株当たり純資産額を基礎とする方法に用いられる当該種類株式の株式数に対応すると考えられる普通株式数となります。

(b) 優先的な残余財産分配請求額を基礎とする方法

普通株式よりも利益配当請求権および残余財産分配請求権が優先的であるような場合には，優先的な残余財産分配請求額を基礎とする方法によって実質価額を算定することも考えられます。

この場合，資産等の時価評価に基づく評価差額等を加味して算定した発行会社の純資産額が，優先的な残余財産分配請求権総額を下回っている場合には，当該純資産額（当該純資産額が，優先的な残余財産分配請求権総額を上回っている場合には，当該残余財産分配請求権総額に配当可能限度額のうち種類株式相当分を加えた金額）を，当該種類株式数で除した１株当たりの純資産額に，所有する当該種類株式数を乗じて実質価額を算定することが考えられます。

図表3-6-2　優先的な残余財産分配請求権を基礎とする場合の実質価額の算定方法

①純資産額 < 残余財産分配請求権総額

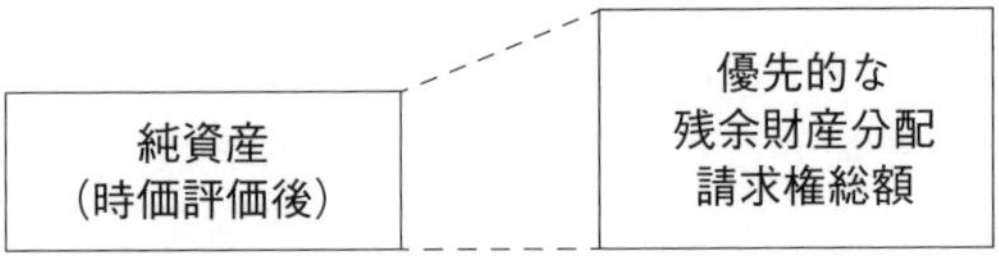

優先株式の実質価額

$$= \text{純資産（時価評価後）} \times \frac{\text{所有する種類株式数}}{\text{種類株式総数}}$$

②純資産額 > 残余財産分配請求権総額

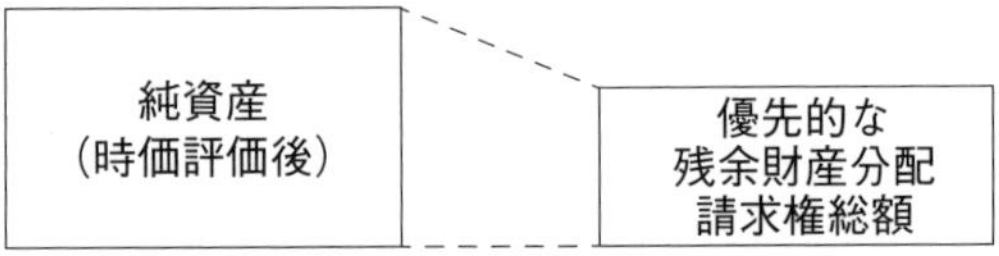

優先株式の実質価額

$$= \frac{\text{種類株式相当分の配当可能限度額}}{\text{優先的な残余財産分配請求権総額}} \times \frac{\text{所有する種類株式数}}{\text{種類株式総数}}$$

Q3-7 子会社・関連会社株式の減損処理および投資損失引当金

市場価格のない子会社株式および関連会社株式はどのように減損処理を行いますか。また，当該株式に特有の会計処理があれば教えてください。

Answer Point

- 市場価格のない子会社株式および関連会社株式（以下，「子会社株式等」という）は，原則として，市場価格のない株式等と同様の方法で減損処理を行います。
- ただし，減損処理を行わない場合に，健全性の観点から投資損失引当金を計上することができます。

(1) 子会社株式等に対する減損処理

市場価格のない子会社株式等は，発行会社の財政状態の悪化により実質価額が著しく低下したときに，相当の減額を行い，評価差額は当期の損失として処理（減損処理）しなければならないとされています。ただし，実質価額が著しく低下したとしても，実行可能で合理的な事業計画等により回復可能性が十分な証拠によって裏づけられる場合には，期末において事業計画等においておおむね５年以内に回復すると見込まれる金額を上限として減額をしないことが認められています（金融商品実務指針第92項，第285項）。

(2) 投資損失引当金を計上できる場合

市場価格のない子会社株式等は，(1) のように原則として市場価格のない株式等と同様の方法で減損処理を行いますが，次のいずれかの場合に該当するときには，投資損失引当金を計上することができます。なお，減損処理の対象となる子会社株式等については，投資損失引当金による会計処理は認められないことに留意する必要があります（監査委員会報告第71号「子会社株式等に対する投資損失引当金に係る監査上の取扱い」2.(1)）。

① 子会社株式等の実質価額が著しく低下している状況には至っていないものの，実質価額がある程度低下したときに，健全性の観点から，これに対応して投資損失引当金を計上する場合。

② 子会社株式等の実質価額が著しく低下したものの，会社はその回復可能性が見込めると判断して減損処理を行わなかったが，回復可能性の判断はあくまでも将来の予測に基づいて行われるものであり，その回復可能性の判断を万全に行うことは実務上困難なときがあることに鑑み，健全性の観点から，このリスクに備えて投資損失引当金を計上する場合。

なお，①の場合には，実質価額の回復可能性が客観的に確実であるにもかかわらず引当金を計上する等，過度に保守的な会計処理とならないように留意する必要があります。

減損処理と投資損失引当金の関係は，**図表3-7**のとおりとなります。

図表3-7　減損処理と投資損失引当金の関係

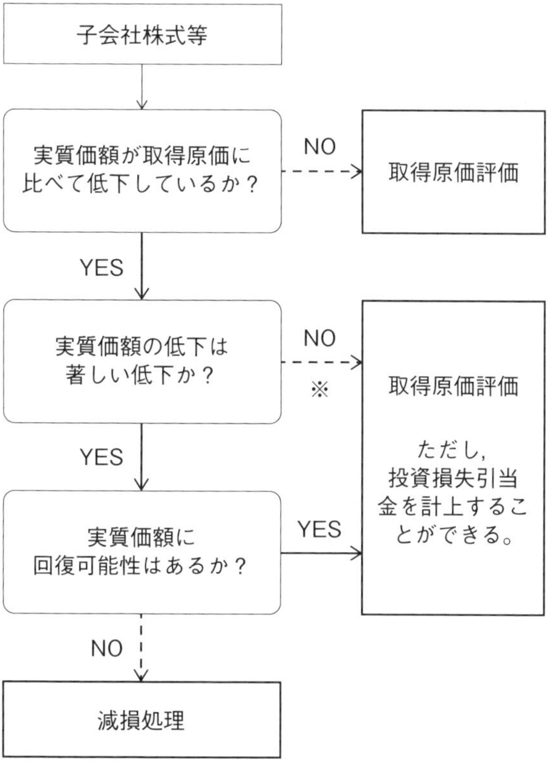

※　実質価額の回復可能性が客観的に確実であるにもかかわらず投資損失引当金を計上するなど，過度に保守的な会計処理にならないように留意する必要がある。

(3) 投資損失引当金の取崩し

投資損失引当金計上後，子会社等の財政状態がさらに悪化して株式の実質価額が著しく低下した場合，または株式の実質価額の回復可能性が見込めないこととなった場合には，引当金を取り崩し，当該子会社株式等を減損処理します（監査委員会報告第71号「子会社株式等に対する投資損失引当金に係る監査上の取扱い」2.(3)①）。

一方，子会社等の財政状態が改善し，株式の実質価額が回復した場合には，回復部分に見合う額の投資損失引当金を取り崩します。ただし，子会社等の事業計画等により財政状態の改善が一時的と認められる場合には，投資損失引当金を取り崩すことはできません（監査委員会報告第71号「子会社株式等に対する投資損失引当金に係る監査上の取扱い」2.(3)②）。

Q3-8 受取配当金の認識時期

投資先より受取配当金を受領する場合，いつ損益計算書にて認識する必要がありますか。損益計算書への認識時期について教えてください。

Answer Point

- 市場価格のある株式の配当金は，原則として，配当権利日付き最終売買日の翌日（以下，「配当落ち日」という）に，予想配当額を見積計上します。
- 市場価格のない株式の配当金は，原則として，発行会社で機関決定され配当金に関する決議の効力が発生した日の属する事業年度に計上します。
- 株式の配当金は通常，損益計算書で認識されますが，払込資本の払戻しを受けたときは株式帳簿価額の減額処理をします。
- 税務上は，原則として，配当の効力を生ずる日に認識します。

解説

(1) 株式配当金の会計上の認識基準

株式の投資先からの配当については，投資先のその他利益剰余金の処分として行われる場合と，その他資本剰余金の処分等として行われる場合があり，会計処理の方法が異なります。なお，ここでは受取配当金の配当財産が金銭である場合として解説を行います。

①　その他利益剰余金の処分による受取配当金

その他利益剰余金の処分による配当金は受取配当金として損益計算書に収益

計上されます。ただし，その株式に市場価格があるか否かによって認識時点が異なります。

(a) 市場価格のある株式の配当金

市場価格のある株式で，原則として，その他利益剰余金の処分による配当金については，各銘柄の配当落ち日をもって，前回の配当実績または公表されている1株当たり予想配当額に基づいて未収配当金を見積計上します。これは，理論的には株式の時価が配当落ち日に配当金相当額だけ下落するためです。

その後，配当金の見積計上額と実際配当額とに差異があることが判明した場合には，判明した事業年度に当該差異を修正します。

ただし，例外として，配当金は，市場価格のない株式と同様の処理によることも，継続適用を条件として認められています（金融商品実務指針第94項(1)）。

(b) 市場価格のない株式の配当金

市場価格のない株式で，原則として，その他利益剰余金の処分による配当金については，発行会社の株主総会，取締役会，その他決定権限を有する機関において行われた配当金に関する決議の効力が発生した日の属する事業年度に計上します。

ただし，例外として，決議の効力が発生した日の後，通常要する期間内に支払を受けるものであれば，その支払を受けた日の属する事業年度に認識することも，継続適用を条件として認められます（金融商品実務指針第94項(2)）。

図表3-8　市場価格の有無と株式配当金の認識時期

		認識日		
		配当落ち日	株主総会等決議の効力発生日	配当金の支払日
市場価格	有	原則 （見積計上）	容認 （継続適用を条件）	容認 （継続適用を条件）
	無	—	原則	容認 （継続適用を条件）

②　投資の払戻しの性格を有するその他利益剰余金の処分等による受取配当金

その他利益剰余金の処分による配当金は，通常，受取配当金として収益計上されますが，投資の払戻しの性格をもつ配当金を，収益として計上することは，明らかに合理性を欠くと考えられます。この場合は払込資本の回収として帳簿価額を減額処理することがあります。

たとえば，帳簿価額に比して実質価額が低下しているものの減損処理に至っていない株式について，投資後に行われた資本金または資本準備金による欠損てん補の額に満たない留保利益を原資とする配当を受領したような場合です。このような場合，配当を受領した株主は，重要性が乏しい場合を除き，有価証券の帳簿価額を減額処理することが適当です（金融商品実務指針第286項)。

なお，配当金を計上する際に，その他利益剰余金の処分によるものか，その他資本剰余金の処分によるものかが不明な場合は，受取配当金に計上できるものとされており，その他資本剰余金の処分によるものであることが判明した場合には，その金額に重要性が乏しい場合を除き，その時点で修正する会計処理を行います（その他資本剰余金の処分による配当を受けた株主の会計処理（企業会計基準適用指針第３号）第６項)。

(2) 株式配当金の税務上の認識基準

①　剰余金の配当の収益帰属時期

剰余金の配当の収益の帰属時期は，原則として，当該配当の効力を生ずる日とされており（法基通２-１-27)，特例として，その支払のために通常要する期間内に支払を受けるものにつき，継続してその支払を受けた日の属する事業年度の益金として処理（現金主義）することが認められています（法基通２-１-28)。

なお，配当落ち日に未収配当金の見積計上をしている場合であっても，当該未収配当金の額は，未確定の収益として当該配当落ち日の属する事業年度の益金の額に算入しません（法基通２-１-27(1)(注))。

②　みなし配当

法人の株主が当該法人の一定の事由により金銭その他の資産の交付を受けた

場合において，その金銭の額および金銭以外の資産の価額の合計額が対応する資本金等の額を超えるときは，当該超える部分の金額はそれぞれ次に定める日の属する事業年度に剰余金の配当とみなされます（法法第24条第１項，法基通２－１－27(4))。

(a) 合併（適格合併を除く）によるものについては，合併の効力を生ずる日。ただし，新設合併の場合は，新設合併設立法人の設立登記の日

(b) 分割型分割（適格分割型分割を除く）によるものについては，分割の効力を生ずる日。ただし，新設分割の場合は，新設分割設立法人の設立登記の日

(c) 株式分配（適格株式分配を除く）のうち，剰余金の配当によるものについては，配当の効力を生ずる日。また，利益の配当によるものについては，社員総会等においてその利益に関する決議のあった日

(d) 資本の払戻し（資本剰余金の額の減少に伴うもののうち，分割型分割によるもの及び株式分配以外のものをいう）によるものについては，資本の払戻しに係る剰余金の配当が効力を生ずる日。また解散による残余財産の分配によるものについては，その分配の開始の日（その分配が数回に分割してされた場合には，それぞれの分配の開始の日）

(e) 自己の株式または出資の取得（市場等における購入による取得その他一定の取得を除く）によるものについては，その取得の日

(f) 出資の消却（取得した出資について行うものを除く），出資の払戻し，社員その他法人の出資者の退社または脱退による持分の払戻しその他株式または出資をその発行した法人が取得することなく消滅させることによるものについては，これらの事実があった日

(g) 組織変更（株式または出資以外の資産を交付したものに限る）によるものについては，組織変更の効力を生ずる日

上記のとおり，税務上みなし配当とされた場合であっても，会計上は収益認識できない可能性もあるため，税務と会計で収益認識時期が異なる可能性があります。

Q3-9 有価証券の保有目的区分の変更

有価証券の保有目的区分は，変更できるのでしょうか。また，どのような場合に保有目的区分の変更ができますか。

Answer Point

- 有価証券を取得した当初に決定した保有目的区分を取得後に他の保有目的区分に変更することは，原則として認められません。
- 例外として一定の場合に限り，変更が認められています。

(1) 保有目的区分の変更についての取扱い

有価証券の取得当初に決定した保有目的区分について，取得後に他の保有目的区分に変更することは，原則として認められません（金融商品実務指針第80項）。ただし以下の場合に限り，保有目的区分の変更が認められます。

- 資金運用方針の変更または特定の状況の発生に伴って，保有目的区分を変更する場合
- 株式の追加取得または売却により持分比率等が変動したことに伴い，子会社株式または関連会社株式区分から他の保有目的区分にまたはその逆の保有目的区分に変更する場合
- 法令または基準等の改正または適用により，保有目的区分を変更する場合

上記のケースに該当する場合，想定される保有目的区分の変更パターンは**図表3-9-1**のようになります。

図表3-9-1 想定される保有目的区分の変更パターン

	変　更　前	変　更　後
①	売買目的有価証券	その他有価証券
②	その他有価証券	売買目的有価証券
③	売買目的有価証券またはその他有価証券	満期保有目的の債券
④	満期保有目的の債券	売買目的有価証券またはその他有価証券
⑤	売買目的有価証券	子会社株式または関連会社株式
⑥	その他有価証券	子会社株式または関連会社株式
⑦	子会社株式または関連会社株式	売買目的有価証券またはその他有価証券

(2) 保有目的区分の変更が認められる場合の評価および会計処理

有価証券の保有目的区分の変更を行う場合における振替時の評価額は，原則として，変更前の保有目的区分に係る評価基準によるものとしています。

ただし，例外的な処理が２点求められているため，注意が必要です。

１点目は，株式の追加取得等によりその他有価証券を子会社株式または関連会社株式へ振り替える場合です（**図表3-9-1⑥**に該当）。原則に従えば，振替時の評価額は時価ということになりますが，企業結合に関する会計基準（企業会計基準第21号）第25項において，個別財務諸表上，支配を獲得するに至った個々の取引ごとの原価の合計額をもって，被取得企業の取得原価とするとされていることから，当該会計処理との整合性を保つため，その他有価証券を子会社株式または関連会社株式へ振り替える場合には，例外的に，変更前の保有目的区分に係る評価基準による評価額ではなく，帳簿価額で振り替えることになります。

２点目は，その他有価証券から売買目的有価証券へ振り替える場合です（**図表3-9-1②**に該当）。この場合は，振替時の時価をもって売買目的有価証券に振り替え，振替時の評価差額は，その他有価証券の評価差額について採用していた会計処理方法にかかわらず，振替時の純損益に計上することになります（金融商品実務指針第86項）。

図表3-9-2では，**図表3-9-1**の想定される保有目的区分の変更パターンごとに，変更が認められるケースをまとめ，会計処理の内容を要約しています。図表中の番号は，**図表3-9-1**に記載の変更パターンの番号に対応しています。

図表3-9-2　保有目的区分の変更

	変更が認められるケース	会計処理の内容
①	•有価証券のトレーディング取引を行わないことを決定し，すべての売買目的有価証券をその他有価証券に振り替える場合	変更時の時価により振り替え，差額は損益計算書に計上
②	•有価証券のトレーディング取引の開始を決定した場合 •有価証券の売買を頻繁に繰り返したことが客観的に認められる場合	変更時の時価により振り替え，評価差額は損益計算書に計上
③	認められない	−
④	•一部の満期保有目的の債券を，正当な理由なく変更または期限前に売却したことにより，残りの満期保有目的の債券を他の保有目的区分に振り替える場合 •満期保有目的の債券について，特定の状況の発生に伴い，保有目的区分を変更する場合	変更時の償却原価により振替え
⑤	•株式の追加取得等により持分比率が増加し，子会社株式または関連会社株式に該当することとなった場合	該当日の時価により振り替え，差額は損益計算書に計上
⑥	•株式の追加取得等により持分比率が増加し，子会社株式または関連会社株式に該当することとなった場合	原則として帳簿価額により振替え
⑦	•株式の売却等により持分比率が減少し，子会社株式または関連会社株式に該当しなくなった場合	帳簿価額により振替え

（出所：有限責任監査法人トーマツ編『トーマツ会計セレクション③金融商品会計』（清文社，2011年）84頁）

満期保有目的の債券については，例外的に時価評価をしないことが認められているものであるため，保有目的区分の変更に関して，厳格な規定が設けられています。**Q3-10**をご参照ください。

(3) 保有目的区分の変更時期

保有目的区分を変更した場合，原則として変更の事象が生じた日に振替えを行うことになります。

ただし，**図表3-9-2**の⑤から⑦については，期中に変更の決定が行われまたは変更すべき事実の発生があったとしても，変更が期首（直前中間決算日または直前四半期決算日の翌日を含む）になされたものとみなして，振替えの処理を行うことができます（金融商品実務指針第81項）。

Q3-10 満期保有目的の債券の要件

満期保有目的の債券に分類する要件にはどのようなものがあるのでしょうか。

Answer Point

- 満期保有目的の債券に分類するためには，あらかじめ償還日が定められており，かつ，額面金額による償還が予定されていることが必要です。
- 満期保有目的の債券の要件は，満期まで保有する意図をもって債券を保有することです。
- 保有目的区分の変更には一定の場合を除き，テインティング・ルールが適用されます。

（1）定義および債券の適格要件

満期保有目的の債券とは，満期まで所有する意図をもって保有する債券をいいます（金融商品会計基準第16項）。ただし，債券のすべてが満期保有目的の債券として認められるのではなく，当該債券に価格変動のリスクがないことが必要とされています（金融商品実務指針第272項）。

ある債券を満期保有目的の債券として分類するためには，①あらかじめ償還日が定められており，かつ②額面金額による償還が予定されていることが求められます（金融商品実務指針第68項）。

①　あらかじめ償還日が定められていること

満期まで所有する意図をもって保有する前提として，債券にあらかじめ償還日が定められている必要があります。

この要件を満たすかどうかの判定について，代表的な金融商品では，**図表3-10**のようにまとめることができます。

図表3-10　各種金融商品に関する償還に関する考察

商品	償還日における額面金額による償還についての考察
固定利付または変動利付，あるいはゼロ・クーポン債	あらかじめ定められた償還日において額面金額による償還が予定されているのであれば適格要件を満たしている。
転換社債型 新株予約権付社債	株価が行使価格を超えて上昇した際に売却または株式転換権の行使請求を行わないことは企業にとって合理的な投資行動とはいえない。一般的には満期まで保有することを想定しにくいため，基本的には満期保有目的になじまない。 ただし，株価が行使価格と比べて大幅に下落したため，株式転換権の行使が将来的に全く期待し得ない状況において，転換社債型新株予約権付社債を普通社債と同様に最終利回りに着目して取得する場合には，満期保有目的の条件を満たすこともあるといえる。
永久債	原則として満期保有目的の債券に分類することはできない。 ただし，償還する権利を発行者がコール・オプションとして有しているものについては，その契約条項等からみて，償還が実行される可能性がきわめて高いと認められれば，満期保有目的の条件を満たすものといえる。
抽選償還の特約がある債券 コーラブル債	償還が保有者側の意図に基づくものではないことから，中途償還が実行される可能性があるとしても満期保有目的の条件が否定されるものではない。
プッタブル債	保有者側の権利として償還権が付与されている場合には，満期保有の意思が否定されるといえる。

②　額面金額による償還が予定されていること

債券が属性として有する信用リスクや為替リスク等の元本毀損リスクについては満期保有目的の条件を否定するものではありません。しかし，債券を満期まで保有するためには，償還日において額面金額による償還が確実に実行されることがあらかじめ見込めることが必要ですので，実務上，満期保有目的の債券に分類することができる債券は，信用リスクが高くない債券が対象となるものと考えられます。債券を取得した時点において，当該債券の発行者が元本の償還および利息の支払に関して支障をきたすおそれがあると認められる状況にある場合には，当該債券は満期保有目的の債券としての適格要件を満たさないことになります。

具体的に信用リスクの程度の判定を行うためには，各企業が，原則として，指定格付機関（企業内容等の開示に関する内閣府令第１条第13号の２）による格付けに基づいて「信用リスクが高くない」水準を決定し，これを満期保有目的の債券として適格要件に関する合理的な判断基準として設定する必要があります（金融商品Q&A Q22）。

ただし，企業が，格付けを取得していない私募債を引き受ける場合等も想定されることから，上記の方法と同等程度の客観的な信頼性を確保しうる方法，たとえば，発行者の財政状態および経営成績等に基づいた合理的な判断基準を設定する方法によることも認められると考えられます。

なお，いずれの方法によるにしても継続適用する必要があり，また，判断基準はあらかじめ文書をもって設定することが適当と考えられます（金融商品Q&A Q22）。

株価リンク債や為替リンク債等の場合には，スキーム上リスクが元本に及ぶものであるため，複合金融商品として組込デリバティブ部分を区分処理するとしても満期保有目的の条件を満たしません。

(2) 満期保有目的の債券に分類するために保有者に求められる要件

上記 (1) の債券自体の適格要件のほかに，満期保有目的の債券に分類するためには，保有者が「満期まで所有する意図をもって保有する」ことを求めています。

「満期まで所有する意図をもって保有する」とは，企業が償還期限まで所有するという積極的な意思とその能力に基づいて保有することをいいます（金融商品実務指針第69項）。債券も本来は価格変動リスクを負っていますが，満期まで所有する意図をもって保有する債券については，満期までの金利の変動による価格変動のリスクにさらされることがないことから，取得原価もしくは償却原価法に基づいて算定された価額をもって貸借対照表価額とするものとされています（金融商品会計基準第16項）。したがって，これは債券の保有に伴うキャッシュ・フローを満期まで保有することによりあらかじめ確定させようとする企業の合理的な投資行動を，時価評価の例外的な取扱いとして認める趣旨であるといえます。このため，「満期まで所有する積極的な意思」という主観的な要件だけでなく，「満期まで所有する能力」という外形的な要件も必要であるとして，満期保有目的を厳格に定義することとしています。

(3) 満期保有目的の債券から他の保有目的区分への変更

満期保有目的の債券は有価証券の時価評価の例外的な取扱いであることから，他の保有目的区分への変更について罰則規定（テインティング・ルール）が定められています。それは以下のようなルールとなっています。

満期保有目的の債券に分類された債券について，その一部を売買目的有価証券またはその他有価証券に振り替えたり，償還期限前に売却を行った場合は，満期保有目的の債券に分類された残りのすべての債券について，保有目的の変更があったものとして売買目的有価証券またはその他有価証券に振り替えなければなりません。さらに，保有目的の変更を行った事業年度を含む2事業年度においては，取得した債券を満期保有目的の債券に分類することはできないものとされています（金融商品実務指針第83項）。

ただし，「債券の発行者の信用状態の著しい悪化」や「自己資本比率等を算定する上で使用するリスクウェイトの変更」などの状況が生じた場合または生じると合理的に見込まれる場合には，債券を保有し続けることによる損失または不利益を回避するため，一部の満期保有目的の債券を他の保有目的区分に振り替えたり，償還期限前に売却しても，残りの満期保有目的の債券について，満期まで保有する意思を変更したものとはなりません。したがって，テインティング・ルールによって残りの満期保有目的の債券を売買目的有価証券またはその他有価証券へ振り替える必要はありません（金融商品実務指針第83項）。

満期保有目的の債券を，担保差入，現先取引，レポ取引または証券貸借取引の対象とした場合には，その契約期間が債券の償還期限と同じかまたはそれより前となるときおよび返還される債券が実質的に同一であるときには，満期保有目的の区分を変更する必要はありません。

また，債券の売却が満期日にきわめて近い時点で行われるような場合や，割賦償還等により取得時の元本のうちの大部分が償還された銘柄について残りの債券を売却するような場合には，売却価額が満期償還金額とほぼ同額となるため，満期の到来に基づく償還とすることが可能です。

Q3-11 クロス取引

保有している株式について，売却した直後に購入する場合（クロス取引），売却時に売却損益を計上することはできるでしょうか。

Answer Point

- クロス取引に該当する場合，売却損益を計上することはできません。株式を担保とした金銭借入れとして処理されます。
- クロス取引に該当するかどうかは契約の取決めにかかわらず実質的に判断され，クロス取引と推定される場合もあります。
- 売買目的有価証券の場合は，売却損益の計上は可能です。

解説

(1) クロス取引に関する基本的な取扱い

金融資産を売却した直後に同一の金融資産を購入した場合または金融資産を購入した直後に同一の金融資産を売却した場合で，譲渡人が譲受人から譲渡した金融資産を再購入または回収する同時の契約があるときは，売買として処理することはできません（金融商品実務指針第42項）。

これは，金融商品会計基準第９項における「金融資産の契約上の権利に対する支配が他に移転する」ための要件の１つである「(3)譲渡人が譲渡した金融資産を当該金融資産の満期日前に買い戻す権利および義務を実質的に有していないこと」を満たしていないことによります。

なお，同時の契約は，書面によるものはもちろんのこと，口頭によるものであってもクロス取引とされます。

(2) 会計上クロス取引に該当する可能性のある事例

クロス取引に該当するかどうかは実質的に判断されます。すなわち，金融商品実務指針第42項における「同時の契約」は契約の締結時点が同時である必要はありません。会計上クロス取引に該当する可能性のある事例を以下に示します。

例１

１．前提条件

A銀行はB銀行にX社株式を@100で売却した。契約書上は再購入条項の記載はない。３営業日後にA銀行はB銀行からX社株式を@100で買い戻した。

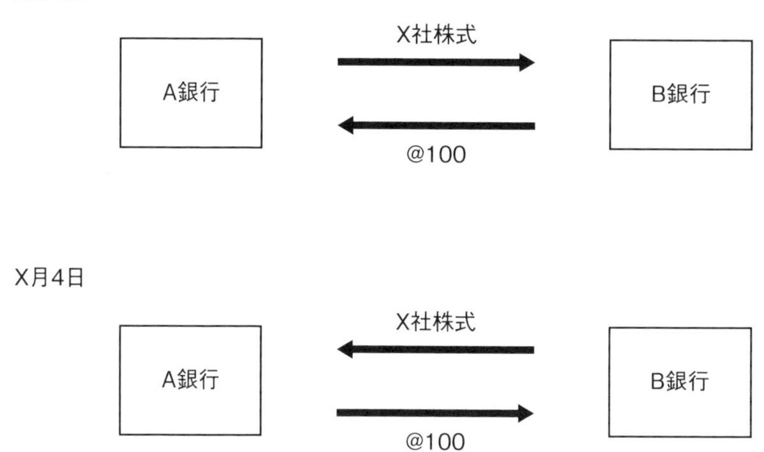

２．解　説

この場合は譲渡価格と購入価格が同一ですので，譲渡人が譲受人から再購入または回収する同時の契約があると推定されます（金融商品実務指針第42項）。

例２

１．前提条件

A銀行はB銀行にX社株式を@100で売却した。契約書上は再購入条項の記載は買戻権を明記していない。３営業日後にA銀行はB銀行からX社株式を@101で買い戻した。当該価格は譲渡の決済日と購入の決済日との期間の金利調整が行われた価格である。

２．解　説

この場合の購入価格は，譲渡の決済日と購入の決済日との期間の金利調整が行われた価格ですので，譲渡人が譲受人から再購入または回収する同時の契約があると推定されます（金融商品実務指針第42項）。

(3) 売買目的有価証券の取扱い

売買目的有価証券については，同一銘柄のものも頻繁に売買取引を繰り返すので，結果として同一価格になることもあり得ますが，これはクロス取引に当たらないとされています。

Q3-12 組合等の会計処理

組合等への出資はどのように会計処理するのでしょうか。

Answer Point

- 組合等の財産の持分相当額を出資金として計上します。
- 組合等の営業により獲得した損益の持分相当額を当期の損益として計上します。
- 投資事業組合は，業務執行権を判断基準として，連結や持分法の適用対象とすべきか検討する必要があります。

(1) 個別財務諸表上の会計処理

任意組合すなわち民法上の組合，匿名組合，パートナーシップ，リミテッド・パートナーシップ等（以下，「組合等」という）への出資については，商品ファンドへの投資を除き，以下のいずれかの方法により処理されます（金融商品実務指針第132項および第308項）。

図表3-12　個別財務諸表上の会計処理

	組合等の財産	組合等の獲得した損益
純額法	持分相当額を純額で出資金または有価証券として計上する。	持分相当額を純額で損益として計上する。
総額法	持分割合に相当する部分を総額で出資者の資産および負債として計上する。	持分割合に相当する部分を総額で出資者の収益および費用として計上する。
折衷法	持分相当額を純額で出資金または有価証券として計上する。	持分割合に相当する部分を総額で出資者の収益および費用として計上する。

（出所：有限責任監査法人トーマツ編『金融商品会計の実務詳解』（中央経済社，2009年）216頁-217項）

下記，純額法を簡単な例で示します。

例1

1．前提条件

- 出資者の持分割合：60%
- 組合等の財務諸表：

【期首 B/S】

資産A	400	負債B	300
		純資産	100
	400		400

【当期 P/L】

収益A	60
費用B	20
利益	40

【期末 B/S】

資産A	500	負債B	360
		純資産	140
	500		500

2．出資者の会計処理

【期首 B/S】

出資金等	60	

【当期 P/L】

（収益区分）

出資金等損益　24

【期末 B/S】

出資金等	84	

（出所：有限責任監査法人トーマツ編『トーマツ会計セレクション③金融商品会計』（清文社，2011年）156頁をもとに作成）

なお，組合の構成資産が金融資産に該当する場合には金融商品会計基準に従って評価し，組合への出資者の会計処理の基礎とします（金融商品実務指針第132項）。

(2) 連結財務諸表上の会計処理

組合は子会社および関連会社の範囲に含まれる場合があります（連結財務諸表に関する会計基準第５項および第６項ならびに持分法に関する会計基準第４－２項および第５項）ので，組合への出資者はその組合を連結あるいは持分法の対象とするかを「連結財務諸表に関する会計基準」および「持分法に関する会計基準」に照らして検討する必要があります。会社と同様に，支配力基準または影響力基準が適用されます。

組合が投資事業組合に該当する場合は，「投資事業組合に対する支配力基準及び影響力基準の適用に関する実務上の取扱い」も考慮します。投資事業組合の場合には，意思決定を行う出資者が業務執行の決定も直接行うことなどから，連結会計基準等については基本的には業務執行の権限を用いることによって支配力または影響力を判断します。ただし業務執行の権限を有さない場合でも，状況によっては子会社に該当することもあるので留意が必要です。

Q3-13 仕組債，仕組ローンおよびデリバティブ組込預金の会計処理

仕組債，仕組ローンおよびデリバティブ組込預金等，複合金融商品の会計処理はどのように行うのでしょうか。

Answer Point

- 複合金融商品の原則的会計処理は一体処理になります。ただし，一定の場合には組込デリバティブを区分して会計処理をする必要があり，留意が必要です。
- 銀行などの金融機関の場合，リスク管理の観点から組込デリバティブを区分して管理していることがあり，区分処理の要否にかかわらず，組込デリバティブを区分処理している場合があります。

解説

(1) 原則的会計処理（一体処理）

複合金融商品とは金融商品にデリバティブなどの別の金融商品が組み込まれた金融商品をいい，払込資本を増加させる可能性のある部分を含む複合金融商品とその他の複合金融商品（払込資本を増加させる可能性のある部分を含まない複合金融商品）に分類されます。ここでは払込資本を増加させる可能性のあるデリバティブを含まないその他の複合金融商品について取り扱います。

その他の複合金融商品は，原則として組込デリバティブを区分せず一体処理することとなります（金融商品会計基準第40項）。これは，複合金融商品を構成する複数種類の金融資産または金融負債はそれぞれ独立して存在し得ますが，複合金融商品を構成する複数の金融資産または金融負債から発生する

キャッシュ・フローはそれぞれ独立して発生するのではなく正味で発生するためです。

(2) 区分処理が必要な場合

しかし，複合金融商品を一体処理した場合，時価評価が原則であるデリバティブの評価差額を損益に計上しないことになるため，次の３つの要件をすべて満たすものについては，組込デリバティブを区分して会計処理すること（区分処理）が要求されています。

① 組込デリバティブのリスクが，**図表3-13-1**のように，現物の金融資産または金融負債に及ぶ可能性があること。

図表3-13-1　組込デリバティブのリスクが現物の金融資産または金融負債に及ぶ可能性がある場合の例示

金融資産	• 当初元本が減少する可能性がある場合（受取金利がゼロを下回る場合を含む）
金融負債	• 当初元本が増加する可能性がある場合 • 金融負債の金利が債務者にとって契約当初の市場金利の２倍以上になる可能性がある場合

② 組込デリバティブと同一条件の独立したデリバティブが，デリバティブの特徴を満たすこと

③ 当該複合金融商品について，時価の変動による評価差額が当期の損益に反映されないこと

なお，上記３つの要件を満たすとしても，組込デリバティブを区分して測定できない場合には，当該複合金融商品全体を時価評価して評価差額を損益に計上する必要があります。また，上記①または③の要件を満たさない場合でも，組込デリバティブを区分して管理しているときは，組込デリバティブを区分処理することができます。

(3) 区分処理の実務上の判定ポイント

組込デリバティブのリスクにより，当初元本が減少する可能性のある金融資産や当初元本が増加する可能性のある預金，債券，貸付金，借入金およびこれ

らに類する金融負債について，組込デリバティブと現物の金融商品の経済的性格およびリスクが密接な関係にない場合は区分処理をする必要があります。また，組込デリバティブと現物の金融商品の経済的性格およびリスクが密接な関係にある場合でも，元本増減の可能性が低いといえる場合を除いて区分処理をする必要があります。組込デリバティブに応じた想定される会計処理は，**図表3-13-2**のようになります。

図表3-13-2　組込デリバティブと現物の金融商品の経済的性格およびリスクの関係に関するデリバティブの例示

<table>
<tr><th>デリバティブの例示</th><th>組込デリバティブと現物の経済的性格およびリスクの関係と現物のそれとの関係</th><th>金融資産・負債の元本増減の可能性</th></tr>
<tr><td>元本または金利が株式相場または株価指数に係るもの</td><td rowspan="5">密接な関係にない
➡区分処理</td><td rowspan="5"></td></tr>
<tr><td>元本または金利が現物商品相場または現物商品指数に係るもの</td></tr>
<tr><td>元本または金利が外国為替相場に係るもの</td></tr>
<tr><td>元本または金利が気象条件に関する指標に係るもの（ウェザーデリバティブ）</td></tr>
<tr><td>元本または金利が第三者の信用リスクに係るもの（クレジットデリバティブ）</td></tr>
<tr><td>原契約と同一通貨である金利に係るもの</td><td rowspan="4">密接な関係にある</td><td rowspan="4">元本増減の可能性が低いといえる場合
➡一体処理</td></tr>
<tr><td>原契約と同一通貨である物価指数に係るもの</td></tr>
<tr><td>原契約と同一通貨である債務者自身の信用リスクに係るもの</td></tr>
<tr><td>第三者の信用リスクに係るもののうち一定のもの（注）</td></tr>
</table>

（注）第三者の信用リスクに係るデリバティブが組み込まれている複合金融商品が，実質的に参照先である第三者の信用リスクを反映した利付金融資産と考えることができる場合。

(4) 会計処理例

一体処理の場合，複合金融商品全体を金融商品会計基準に従って会計処理しますが，区分処理の場合，組込デリバティブは通常のデリバティブとして時価評価され，現物の金融商品は金融商品会計基準に従って会計処理されます。さらに，区分処理が必要にもかかわらず区分処理ができない場合には，上記 (2) なお書きに記載のとおり複合金融商品全体を時価評価し，評価差額を損益に計上することになります。これらの会計処理の相違は，以下の **例１** のとおりです。

例１　区分処理，一体処理および組込デリバティブを区分して測定できない場合の会計処理例（複合金融商品が金融資産の場合）

１．前提条件

A行（決算日：3/31）は，01/4/1に次の条件でデリバティブが組み込まれた仕組債（その他有価証券に区分）を購入した（以下，税効果は考慮しない）。

・仕組債の時価の推移　（単位：百万円）

	01/4/1(取得時点)	02/3/31	03/3/31
有価証券	10,000	10,000	9,950
デリバティブ	—	−200	150
仕組債全体	10,000	9,800	10,100

２．会計処理

（単位：百万円）

	区分処理	一体処理	区分処理が必要だができない場合
01/4/1	(借)有価証券 10,000 (貸)現金 10,000	(借)有価証券 10,000 (貸)現金 10,000	(借)有価証券 10,000 (貸)現金 10,000
02/3/31	(借)デリバティブ損益 *200* (貸)デリバティブ負債 200	(借)有価証券評価差額金 200 (貸)有価証券 200	(借)有価証券評価損益 *200* (貸)有価証券 200
02/4/1	(借)デリバティブ負債 200 (貸)デリバティブ損益 *200*	(借)有価証券 200 (貸)有価証券評価差額金 200	(借)有価証券 200 (貸)有価証券評価損益 *200*
03/3/31	(借)有価証券評価差額金 50 (貸)有価証券 50 (借)デリバティブ資産 150 (貸)デリバティブ損益 *150*	(借)有価証券 100 (貸)有価証券評価差額金 100	(借)有価証券 100 (貸)有価証券評価損益 *100*

※　上記仕訳のうち，斜体数字は，損益に計上される金額である。

Q3-14 投資信託の評価および開示の取扱い

投資信託はどのように評価されますか。また，開示についての留意点を教えてください。

Answer Point

- 2021年6月17日に時価算定適用指針が改正され，投資信託の時価の取扱いが定められました。
- 改正後の時価算定適用指針では，投資信託は投資信託財産が金融商品である投資信託と投資信託財産が不動産である投資信託とで評価および開示の取扱いが異なります。
- 投資信託の売却損益は，その種類によって計上される勘定科目が異なります。

解説

（1）投資信託に関する会計基準

改正前の金融商品実務指針第62項において，投資信託に付すべき時価は市場価格とし，市場価格がない場合には市場価格に準ずるものとして合理的に算定された価格が得られればその価格とするとされていました。また，市場価格に準ずるものとして合理的に算定された価格には，投資信託委託会社の公表する基準価格，ブローカーまたは情報ベンダーから入手する評価価格が含まれるとされていました。しかし，同項は時価算定基準の公表に伴う金融商品実務指針の改正に伴い削除され，投資信託の時価は時価算定基準で取り扱われることとなりました。

2019年７月４日に公表された時価算定基準適用指針第26項では，投資信託の時価の算定に関する検討には，関係者との協議等に，一定の期間が必要と考えられるため，会計基準公表後おおむね１年をかけて検討を行うこととされたことから，この投資信託に関する取扱いの改正を行うまでの間は金融商品実務指針第62項の取扱いを踏襲することとされていました。

2019年７月４日に公表された時価算定適用指針第26項では，投資信託の時価の算定に関する検討には，関係者との協議等に，一定の期間が必要と考えられるため，会計基準公表後おおむね１年をかけて検討を行うこととされたことから，この投資信託に関する取扱いの改正を行うまでの間は金融商品実務指針第62項の取扱いを踏襲することとされていました。しかし，投資信託の時価の算定について，2021年６月17日に時価算定適用指針が改正され，2022年４月１日以後開始する連結会計年度および事業年度の期首から適用することとされました（改正後の時価算定適用指針第25-２項）。ただし，2021 年４月１日以後開始する連結会計年度および事業年度の期首，または2022年３月31日以後終了する連結会計年度および事業年度における年度末から適用することもできるとされています（改正後の時価算定適用指針第25-３項）。

なお，預金と同様の性格を有する投資信託は取得原価をもって貸借対照表価額とすることとされています（金融商品実務指針第64項）。

(2) 改正後の時価算定適用指針における投資信託の時価と開示

改正後の時価算定適用指針では，投資信託財産が金融商品である投資信託，あるいは投資信託財産が不動産である投資信託のいずれかで時価およびレベル別分類の開示の取扱いを**図表３-14**のように区別しています。

図表3-14 投資信託の評価および開示

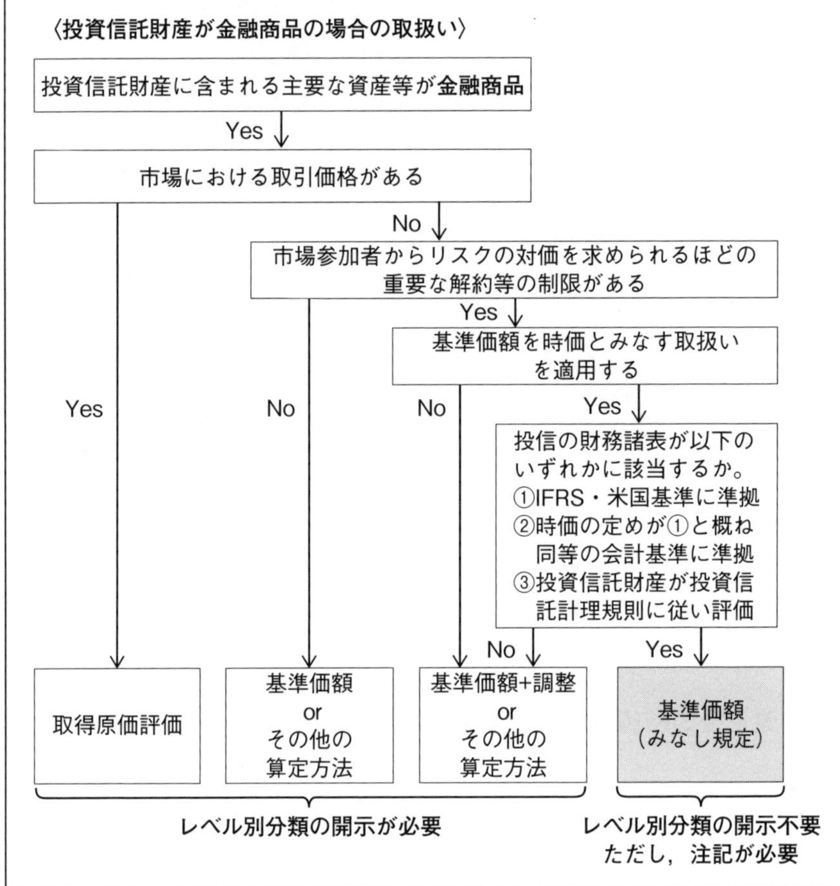

投資信託財産が金融商品と不動産の両方を含む場合，投資信託財産が金融商品である投資信託または投資信託財産が不動産である投資信託のどちらの取扱いを適用するかは，投資信託財産に含まれる主要な資産等によって判断することとされ，企業が実態に合わせて判断する必要があります（改正後の時価算定適用指針第24-13項）。

また，改正後の時価算定適用指針における投資信託は契約型と会社型の双方を含むこととされています。なお，適用初年度においては新たな会計方針（会

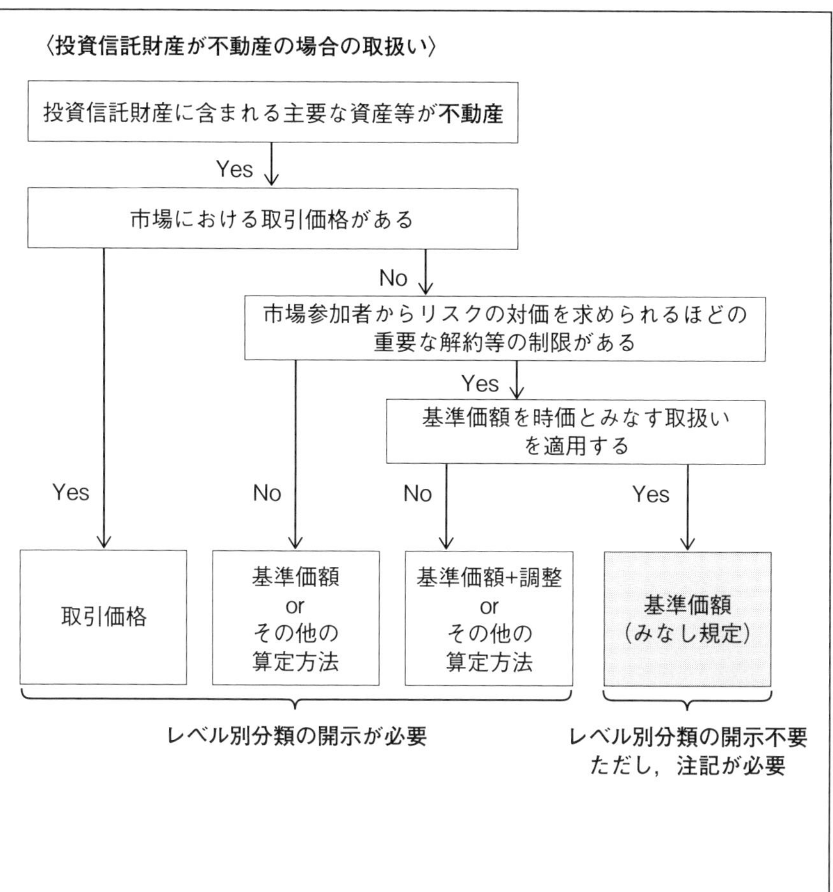

計基準の定める時価を新たに算定する場合や取得原価をもって貸借対照表価額としていたものから時価をもって貸借対照表価額とする場合など）を将来にわたって適用し，その変更の内容について注記するとされています（改正後の時価算定適用指針第53項）。

(3) 投資信託における特有の会計処理

① 追加型投資信託の収益分配金

追加型投資信託の収益分配金についてはその収益に係る計算期間が終了する日の属する事業年度に計上することになりますが，その支払を受けた日の属する事業年度に計上することも，継続適用を条件として認められます（金融商品実務指針第96項(1))。

ただし，追加型投資信託のうち，購入後短期間に計算期間の末日が到来するものについて，収益分配金のうち払込資金からの払戻しに相当するものとして区分されている場合，または区分されていなくてもそのほとんどが払込資金からの払戻しと認められる場合には，払込資金の払戻し相当額については当該投資信託の取得原価を減額処理することになります（金融商品実務指針第96項(2))。

② 投資信託の解約損益

証券投資信託について，取引所に上場している株価指数連動型投資信託受益証券（ETF）の売却損益は株式等売却益または株式等売却損として，その他経常収益またはその他経常費用に計上するとされています。また，取引所に上場している不動産投資信託証券（REIT）の売却損益は国債等債券売却益または国債等債券売却損として，その他業務収益またはその他業務費用に計上するとされています。

一方，その他の投資信託の解約・償還に係る償還差損益は有価証券利息配当金として資金運用収益に計上されます。ただし，証券投資信託の期中収益分配金等（解約・償還に係る償還差益を含む）が全体として損となる場合は，他の有価証券利息配当金の構成要素に食い込むことから，その金額を国債等債券償還損としてその他業務費用に計上するとされています。

Q3-15 貸出金等の証券化

証券化を行って貸出金等をオフバランス処理する場合，どのような要件を満たす必要がありますか。また，そのときの会計処理はどのようになりますか。

Answer Point

- 貸出金等の消滅を認識するためには，貸出金等の契約上の権利に対する支配が他に移転している必要があります。
- 支配が他に移転すると認められるには，金融商品会計基準に定められている3つの要件をすべて満たす必要があります。
- 貸出金等の消滅を認識する場合の会計処理は，帳簿価額とその対価との差額を当期の損益として処理します。
- 貸出金等の一部分の消滅を認識する場合は，貸出金等の消滅を認識する部分と消滅を認識しない部分の時価の比率により全体の帳簿価額を按分することで譲渡部分の帳簿価額を計算します。

(1) 金融資産の消滅の認識要件

金融資産については，当該金融資産の契約上の権利を行使したとき，権利を喪失したとき，または権利に対する支配が移転したとき（金融商品会計基準第８項）のいずれかの場合に金融資産の消滅を認識しなければならないと定められています。証券化取引は譲渡後において譲渡人が譲受人と一定の関係を有することが多く，このような条件付きの譲渡である証券化取引による貸出金等の譲渡に係る消滅の認識には，以下の２つの考え方があり（金融商品会計基準第57項），日本基準においては②の財務構成要素アプローチの考え方が採用されています。

① 金融資産のリスクと経済価値のほとんどすべてが他に移転した場合に金融資産の消滅を認識する方法（リスク・経済価値アプローチ）

② 金融資産の財務構成要素（将来のキャッシュの流入，回収サービス権等）に対する支配が他に移転した場合に当該財務構成要素の消滅を認識し，留保されるその他の財務構成要素の存続を認識する方法（財務構成要素アプローチ）

（2）支配の移転

上記の財務構成要素アプローチにおいて，貸出金等の契約上の権利に対する支配が他に移転する場合とは，次の①～③の要件がすべて満たされた場合になります（金融商品会計基準第９項）。

① 譲渡された金融資産に対する譲受人の契約上の権利が譲渡人およびその債権者から法的に保全されていること

法的に保全されているということは，譲渡人に倒産等の事態が生じても，譲渡人やその債権者等が貸出金等の譲渡の取消しや返還を請求できない等，譲渡された貸出金等が譲渡人の倒産リスクから引き離されていることを意味します。したがって，実質的に譲渡を行わなかったこととなる買戻権がある場合や，譲渡人が倒産したときに譲渡が無効と推定されるような場合は，支配が移転しているとは認められないことになります。

なお，譲渡人が倒産したときに管財人等が返還請求権を行使できるか否かは，法的観点から判断されます。

② 譲受人が譲渡された金融資産の契約上の権利を直接または間接に通常の方法で享受できること

貸出金等の譲受人が，元本の返済，利息の受取り，第三者への譲渡等の一般的な方法により投下した資金を回収できない場合には，支配が移転されたとは認められません。具体的には，譲渡制限や実質的な譲渡制限となる買戻条件により，譲受人が貸出金等の自由処分権を有しない場合は，支配の移転が認められないため，貸出金等の消滅を認識できないことになります。

なお，譲受人が以下の要件を満たす特別目的会社の場合には，その発行する証券の保有者が通常の方法で契約上の権利を享受できることがオフバランス処理の条件になります（金融商品会計基準（注４））。

- 特別目的会社が，適正な価額で譲り受けた貸出金等から生じる収益を，発行する証券の保有者に享受させることを目的として設立されていること
- 特別目的会社の事業が，上記の目的に従って適正に遂行されていると認められること

③　譲渡人が譲渡した金融資産を当該金融資産の満期日前に買い戻す権利および義務を実質的に有していないこと

現先取引やレポ取引など，譲渡人が譲渡した貸出金等を満期日前に買い戻す権利および義務を実質的に有している場合，譲渡取引は貸出金等を担保とした借入取引と実質的に同様の取引と考えられ，貸出金等の消滅の認識が認められないことになります。この場合は，売買取引ではなく金融取引として処理することになります。

(3) 会計処理

貸出金等の消滅の認識が認められる場合は，帳簿価額と対価としての受払額との差額を当期の損益として処理します（金融商品会計基準第11項）。証券化取引においては譲渡人に何らかの権利・義務が存在する場合が多く，それが消滅した金融資産と実質的に同様の資産もしくはその構成要素であるか，または回収サービス権であれば「残存部分」として判定し，異種の資産（負債）であれば「新たな資産（負債）」の取得として判定し（金融商品実務指針第36項），当該金融資産または金融負債は時価により計上されます（金融商品会計基準第13項）。こうした証券化取引の場合も，貸出金等の消滅を認識した部分の帳簿価額と対価の差額を当期の損益として処理します。貸出金等の消滅を認識した部分の帳簿価額は，貸出金等の全体の時価に対する，貸出金等の消滅を認識した部分と残存部分の時価の比率により，貸出金等の帳簿価額を按分して計算します（金融商品会計基準第12項）。

例 1

1．前提条件

帳簿価額100の貸出金を優先劣後に分割し，優先部分を売却した。

対価は90，優先部分と劣後部分の時価はそれぞれ90と30。

2．解　説

この場合の譲渡益は以下のように計算されることになります。

	時価
金融資産	120
優先部分	90
劣後部分	30

優先部分の帳簿価額＝100×（90/120）＝75

譲渡益＝90－75＝15

また，貸出金等の譲渡に伴い「新たな資産（負債）」が発生した場合は，譲渡対価は入金額に新たに発生した資産の時価を加え，新たに発生した負債を控除したものになります。

例 2

1．前提条件

帳簿価額100の貸出金等を証券化した。入金額は120。

証券化に伴い，新たに発生した資産，負債の時価はそれぞれ30，20。

2．解　説

この場合の譲渡益は以下のように計算されることになります。

		時価
入金額	(A)	120
新たに発生した資産	(B)	30
新たに発生した負債	(C)	20
譲渡対価	(D)＝(A)＋(B)－(C)	130
帳簿価額	(E)	100
譲渡益	(D)－(E)	30

Q3-16 ローン・パーティシペーションの会計処理

ローン・パーティシペーションを行った場合，当該債権をオフバランス処理することはできるのでしょうか。

Answer Point

- ローン・パーティシペーションとは，貸出債権に係る権利義務関係を移転させずに行う債権流動化の方法です。
- ローン・パーティシペーションは，金融商品会計基準にて定められているオフバランス処理（金融資産の消滅を認識）の要件を満たしませんが，わが国の商慣行上の実情を考慮して，一定の要件を満たした場合のみオフバランス処理できることと定められています。
- 原債権者は，一定の要件を満たしてオフバランス処理した場合，重要性に応じてオフバランス処理した金額等を注記することが求められています。
- 参加者は，一定の要件を満たした場合は，貸出債権として処理し，重要性に応じて参加元本の金額を注記することが求められています。

解説

(1) ローン・パーティシペーションが認められた背景

ローン・パーティシペーションとは，主として金融機関等の間で締結される債権流動化の一形態であり，貸出債権（「原貸出債権」という）に係る権利義務関係を移転させずに，原貸出債権に係る経済的利益とリスク（合わせて「参加利益」という）を債権者（「原債権者」という）から参加者に移転させる契約です（**図表3-16**参照）。

この方法は，貸出債権に係る権利義務関係を移転させるものではないことから，債務者の承諾を得ずに貸出債権の流動化ができるため，債権譲渡に際して債務者の承諾を得ることが困難な場合等に，債権譲渡に代わる債権流動化の手法としてわが国の商慣行上広く利用されている取引形態です。

図表3-16　ローン・パーティシペーションの仕組み

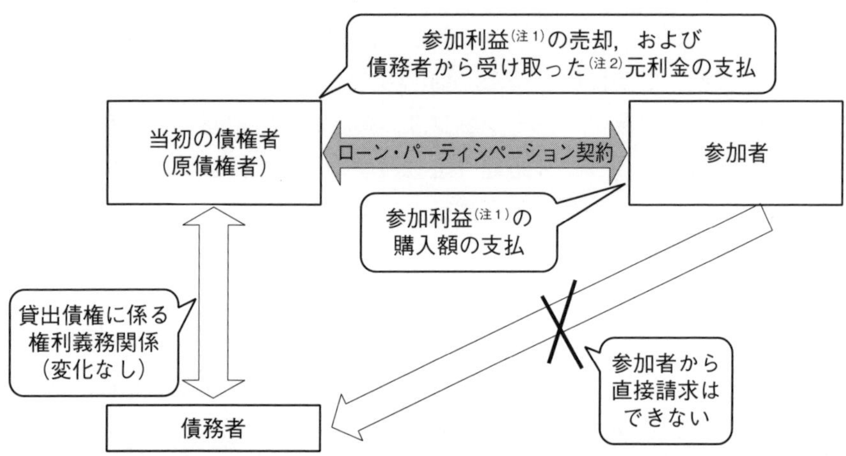

（注１）原貸出債権に係る経済的利益とリスクのうち，参加割合に応じた部分

（注２）原貸出債権に係るリスクは参加者に移転しているため，債務者から元利金を受け取った場合のみ参加者に支払うことになり，債務者が支払わなかった場合でも原債権者が負担することはない。

(2) ローン・パーティシペーションのオフバランス処理（金融資産の消滅の認識）

ローン・パーティシペーションは，債権譲渡とは異なり原貸出債権に係る権利義務関係は原債権者と債務者間に残ることから，金融商品会計基準第９項にて定められている支配の移転の要件の１つ，譲渡金融資産が法的に保全されている，という要件を満たしていないためオフバランス処理することができないと考えられます。

なお，原債権者が自ら組成した特別目的会社を参加者とするローン・パーティシペーションの場合は，オフバランス処理することは認められていません

(金融商品Q＆AQ11)。

(3) オフバランス処理を行うために満たすべき一定の要件

一定の要件とは，ローン・パーティシペーション契約において，「ローン・パーティシペーションの会計処理及び表示」(会計制度委員会第3号) 第4項にて定められている以下の3つの要件であり，これらをすべて満たすことです。

① 契約上ローン・パーティシペーションの対象となる原債権が個別に特定されており，参加割合に応じて原債権の貸出条件（返済期日，利率等）と同一の条件が原債権者と参加者の間にも適用されること

② 原債権者が，参加利益の売却により，原貸出債権に含まれている将来の経済的利益を実質的にすべて受け取ることができる権利を放棄しており，かつ，原債権者は参加利益の対象である原貸出債権から生ずるいかなる理由による損失についてもリスクを負わないこと

③ 原債権者が参加利益の買戻義務を負っておらず，かつ，原債権者に対し，当該参加利益の再購入選択権が付与されていないこと

(4) ローン・パーティシペーションを実施した際の会計処理

① 原債権者の会計処理

上記 **(3)** のすべての要件を満たした場合，ローン・パーティシペーションの対象となった原貸出債権のうち，参加割合に相当する部分を参加者に売却したものとして処理します。貸出債権の簿価に参加割合を乗じた金額と，参加利益を売却した金額が異なる場合には，その差額を一括して，適当と認められる科目名を付して損益に計上します。

また，ローン・パーティシペーションを実施した後も原貸出債権に係る権利義務関係は原債権者と債務者間に残るため，一定の状況が生じた場合には原債権者の債権と債務が再びオンバランス処理となる可能性もあることから，オフバランス処理をした貸出債権の金額に重要性がある場合には，原債権者は財務諸表にその旨，およびオフバランス処理をした貸出債権の元本の期末残高の総

額を注記する必要があります。

② 参加者側の処理

上記（3）のすべての要件を満たした場合，参加者は，参加利益の対価の支払時に，貸出債権の参加元本金額のうち参加割合に相当する部分を貸出債権として処理します。参加者が支払った参加利益の対価額と参加元本金額が異なる場合は，その差額を適当と認められる方法によって参加期間にわたって貸出金利息に加減します。

また，原債務者に対する貸出債権として会計処理した額に重要性がある場合には，財務諸表に参加元本の期末残高の総額を注記する必要があります。

Q3-17　デット・エクイティ・スワップおよびデット・デット・スワップの会計処理

債務者の支援としてのデット・エクイティ・スワップの会計処理はどのようになるのでしょうか。また，デット・デット・スワップの会計処理はどのようになるのでしょうか。

Answer Point

- デット・エクイティ・スワップ（以下，「DES」という），デット・デット・スワップ（以下，「DDS」という）の実行時の債権者側の会計処理は，基本的には前者が元の債権の消滅と新たな株式の発生の認識を行うのに対して，後者は元の債権の消滅と新たな債権の発生の認識を行いません。なお，DESが「共通支配下の取引」に該当する場合は別途規定があります。
- DDS実行後の債権のうち一定の要件を満たすものについては，「資本性適格貸出金に対する貸倒見積高の算定及び銀行等金融機関が保有する貸出債権を資本性適格貸出金に転換した場合の会計処理に関する監査上の取扱い」（業種別委員会実務指針第32号）（以下，「業種別実務指針32号」という）に基づき貸倒引当金等を算定します。

（1）DESおよびDDSとは

DESとは債務者の債務（債権者にとっては債権）を株式に交換する取引をいい，DDSは債務者の債務（債権者にとっては債権）を別の条件の債務（債権者にとっては債権）に交換することをいいます。

いずれも，元の債務による利払負担を軽減すること等により，債務者の支援を図る手法等として用いられます。

(2) DES実行時の債権者側の会計処理

DES実行時の債権者側の会計処理は，基本的には以下のとおりとなります。

① DES実行時の債権者側の会計処理

債権から対応する貸倒引当金控除後の帳簿価額の消滅を認識し，新たに株式の発生を時価により認識して，差額が生じる場合は当期の損益として処理します（デット・エクイティ・スワップの実行時における債権者側の会計処理に関する実務上の取扱い2.(1)）。

また，共通支配下の取引に該当するDESについては，元の債権の消滅を認識し，株式の発生を元の債権の簿価により認識することとなります。

② DES実行後の債権者側の決算時の会計処理

DESの実行により認識した株式は，金融商品会計基準等に基づき評価します。

(3) DDS実行時の債権者側の会計処理

DDSの実行時の債権者側の会計処理は，基本的には以下のとおりとなります。

① DDS実行時の債権者側の会計処理

DDS前後で債権の法的同一性が維持される場合は，原則として金融資産の消滅の認識要件を満たしていないため，既存債権の消滅と新たな債権の発生は認識されず，既存債権の条件変更として取り扱い，損益も発生しません。

② DDS実行後の債権者側の決算時の会計処理

DDSは資本増強が必要とされる，すなわち創業時や事業拡張・新規事業参入時に加え，急激な環境の変化により資本の充実が必要となる場合の円滑な事業の再開や回復を実現する経営改善の一環としての活用が想定されています。

そのため，DDSの実行により認識された債権は，一般に条件変更による劣後性を有することから，他の一般債権よりも高い信用リスクを引き受けることとなるため，その発生し得る予想損失額に基づいて貸倒見積高を算定することが必要です。なお，DDSの実行により認識された債権のうち，一定の要件を満たすものについては，業種別実務指針32号の規定に基づき貸倒見積高を算定することとなります。該当する債権の要件やそれに対する貸倒見積高の算定方法については，下記（4）以下にて説明します。

（4）資本性適格貸出金の概要

DDSの実行により発生した債権のうち，契約条件が資本に準じた十分な資本的性質が認められることから自己査定において自己資本として取り扱うことのできる貸出金の要件は金融庁の総合的な監督指針および資本性借入金関係FAQに定められています。なお，DDSだけでなく新たな貸出実行においても貸出条件が当該要件を満たす貸出金も資本性が認められます。

また，資本的劣後ローン（早期経営改善特例型）についても，資本性借入金関係FAQにおいて資本性が認められることが示され，その要件は金融検査マニュアル別冊〔中小企業融資編〕を引き続き参照することとなります（これはDDSによって発生することが前提となっています）。

なお，これらの資本性が認められる貸出金について監督指針および資本性借入金関係FAQでは債務者側から見て資本性借入金と表現していますが，業種別実務指針32号では資本性適格貸出金と称されています。

資本性適格貸出金についての引当は業種別実務指針32号に従って行いますが，劣後性の有無によって引当方法に違いがあります。すなわち，引当を行う場合には資本性適格貸出金が「劣後性を有する資本性適格貸出金」と「劣後性を有しない資本性適格貸出金」のいずれに該当するのかが重要であり，その概要は**図表3-17-1**のとおりです。

図表3-17-1　資本性適格貸出金の種類と概要

種類		概　要
劣後性あり	資本的劣後ローン(早期経営改善特例型)	中小・零細企業向けの要注意債権のうち，合理的かつ実現可能性が高い経営改善計画と一体として劣後ローンに転換された貸出金で，「金融検査マニュアル　中小企業融資編」(廃止されているが参照可能)に定められたすべての要件を満たすもの
	資本的劣後ローン(准資本型)	資本性借入金関係FAQに定められた要件を満たす貸出金で，法的破綻時における劣後性（以下，「劣後性」という）を有するもの
劣後性なし	劣後性を有しない資本性適格貸出金	資本性借入金関係FAQに定められた要件を満たす貸出金で，劣後性を有しないもの（例：担保付貸出金から転換した資本性適格貸出金）

① 資本的劣後ローン（早期経営改善特例型）の要件

(a) 対象債務者：中小・零細企業向けの要注意先債権（要管理先への債権を含む）であり，資本的劣後ローン（早期経営改善特例型）についての契約が，金融機関との間で双方合意の上，締結されていること

(b) 契約が原則として以下のすべての要件を満たしていること

i）資本的劣後ローンの返済（デフォルトによらない）については，資本的劣後ローンへの転換時に存在する他のすべての債権および計画に新たに発生することが予定されている貸出債権が完済された後に償還が開始すること

(注) 経営改善計画が達成され，債務者の業況が良好となり，かつ，資本的劣後ローンを自己資本とみなさなくても財務内容に特に問題がない場合には債務者のオプションにより早期償還することができる旨の条項をつけることは認められます。

ii）債務者にデフォルトが生じた場合，金融機関の資本的劣後ローンの請求権の効力は，他のすべての債権が弁済された後に生ずること

iii）債務者が金融機関に対して財務状況の開示を約していることおよび，金融機関が債務者のキャッシュ・フローに対して一定の関与ができる権利を有していること

iv）資本的劣後ローンがその他の約定違反により，期限の利益を喪失した場合には，債務者が当該金融機関に有するすべての債務について，期限の利益を喪失すること（クロスデフォルト条項）

(c) 合理的かつ実現可能性が高い経営改善計画と一体として行われていること

(d) 当該資本的劣後ローンにつき，その特性を勘案した引当てが行われていること

②　資本的劣後ローン（准資本型）の要件

業種別実務指針32号に規定される資本性適格貸出金（資本的劣後ローン（准資本型））は，償還条件，金利設定，劣後性といった観点から，資本類似性を検討することとなります。主な要件は以下の３点になりますが，より具体的には資本性借入金関係FAQに定められています。

(a) 長期間（５年超）償還不要な状態で，原則として期限一括償還であること

(b) 配当可能利益に応じた金利設定であること，すなわち，原則として業績連動型金利で赤字の場合にはほとんど負担が生じないこと（事務コスト相当の金利は認められている）

(c) 原則として法的破綻時の劣後性が確保されていること

③　劣後性を有しない資本性適格貸出金

既存の担保付借入金から転換する場合等で担保解除を行うことが事実上困難な場合には，②資本的劣後ローン（准資本型）の要件のうち(c)の法的破綻時の劣後性がなくとも，法的破綻に至るまでの間の劣後性があれば資本性が認められます。

また，保証付借入金の場合にも，②資本的劣後ローン（准資本型）のすべての要件を，保証の実行後においても確保できる仕組みを備えていれば資本性が認められます。

(5) 資本性適格貸出金に対する貸倒見積高の算定方法

資本性適格貸出金に対する貸倒見積高の算定方法については，業種別実務指

針32号において，(a)劣後性を有する場合と(b)劣後性を有しない場合に分けて規定されています。すなわち，業種別実務指針32号では，劣後性を有する資本性適格貸出金については下記の３通りの貸倒見積高の算定方法が示されており，劣後性を有しない資本性適格貸出金については基本的に通常債権と同様の貸倒見積高の算定方法を採用するものとされています。

①　原則法

発生が見込まれる損失額（以下，「予想損失額」という）により貸倒見積高を算定する方法です。倒産確率および劣後性を考慮した倒産時損失率に基づく予想損失率による方法と，元本の回収および利息の受取りに係るキャッシュ・フローを劣後性を考慮して合理的に見積り，DCF法により算定する方法があります。

②　簡便法

原則法によることが実務的に困難な場合（劣後性を考慮した倒産時損失率やキャッシュ・フローの見積りがデータ不足等により困難な場合等）に，簡便な方法に基づく予想損失額により貸倒見積高を算定する方法です。全債権者が保有する当該債務者に対する貸出金およびその他の金銭債権全体について優先・劣後の関係を考慮せずに予想損失額を見積り，その予想損失額を劣後性を有する資本性適格貸出金の貸倒見積高として算定します。

③　資本性適格貸出金の回収可能見込額をゼロとみなす方法

劣後性を有する資本性適格貸出金の回収可能見込額をゼロとみなして貸倒見積高を算定する方法（いわゆる準株式法）です。具体的には，（資本性適格貸出金を資本とみなさない段階での）債務者の実質債務超過の金額に相当する部分の回収可能見込額をゼロとみなして，対応額の全額について貸倒引当金として計上し，実質債務超過の金額に相当しない（たとえば，実質債務超過の金額を超過する）部分については下記 **(6)** の資本性適格貸出金以外の通常債権と同様に取り扱い，貸倒見積高を算定する方法です。なお，資本性適格貸出金を資本とみなさなくとも実質債務超過が解消してしまうと，債権全額が通常債権と同様の引当となり，劣後性を反映させた引当とはいえなくなるため，当該引当方法を継続適用することはできないと考えられます。

図表3-17-2　資本性適格貸出金に対する貸倒見積高の算定方法

	貸倒見積高の算定方法	
劣後性を有する資本性適格貸出金	原則法	倒産確率および劣後性を考慮した倒産時損失率に基づく予想損失率により算定する方法。 元本の回収および利息の受取りに係るキャッシュ・フローを劣後性を考慮して合理的に見積り，DCF法により算定する方法。
	簡便法	全債権者が保有する当該債務者に対するすべての金銭債権の予想損失額を算定し，取得原価または償却原価を上限として，当該予想損失額を劣後性を有する資本性適格貸出金の貸倒見積高とする方法。
	資本性適格貸出金の回収可能見込額をゼロとみなす方法（いわゆる準株式法）	劣後性を有する資本性適格貸出金の回収可能見込額をゼロとみなして劣後性を有する資本性適格貸出金の貸倒見積高を算定する方法。すなわち，資本性適格貸出金のうち実質債務超過の金額に相当する金額については，全額を予想損失額とし，上記以外の金額については資本性適格貸出金以外の貸出金等および劣後性を有しない資本性適格貸出金と同様の方法による方法。
劣後性を有しない資本性適格貸出金	当該資本性適格貸出金を債務者区分等の判断において資本とみなし，併せて提示される経営改善計画等その他の条件も考慮して実施された自己査定により決定された債務者区分等に応じて予想損失額を算定する方法。	

（6）資本性適格貸出金以外の通常債権に対する貸倒見積高の算定方法

資本性適格貸出金以外の通常債権（資本性適格貸出金を実行していない金融機関が保有する貸出金を含む）については，資本性適格貸出金を債務者区分等の判断において自己資本とみなし，併せて提示される経営改善計画等その他の条件も考慮した上で，適正な自己査定手続により決定された債務者区分等に応じて予想損失額を見積り，その予想損失額を貸倒見積高として算定します。

(7) 貸倒引当金の戻入れ

業種別実務指針32号に従って予想損失額を算定すると，その予想損失額がDDS等実施前の貸倒見積高を下回ることもあり得ます。しかし，一般的にはDDS等実施時において信用リスクの総額は減少しないと想定されるため，DDS等実施時の貸倒引当金の戻入れは合理的とは認められません。業種別実務指針32号ではDDS等実施後，一定期間，経営改善計画の履行状況を厳格に検証し，計画どおりに経営改善が進行していることを確認した後に，改めて貸倒引当金の戻入れの要否を慎重に判断することになっています。

Q3-18 一般貸倒引当金に係る将来減算一時差異

一般貸倒引当金に係る将来減算一時差異の解消見込年度のスケジューリングはどのように行いますか。

Answer Point

- スケジューリングにあたっては，会計上の貸倒損失が税務上の損金算入要件を充足する時期を見積る必要があります。
- 損金算入フローやデータ保有状況等に基づき，過去の損金算入実績に将来の合理的な予測を加味して，各行の実態に合った合理的なスケジューリングを行います。

(1) 一般貸倒引当金に係る将来減算一時差異

一般貸倒引当金は，正常先債権および要注意先債権に対して，貸倒実績率または倒産確率に基づき，将来発生が見込まれる損失率を求め，これに将来見込み等必要な修正を加えて算定します。一方，会計上，貸倒引当金繰入額として費用に計上した金額のうち，税務上の繰入限度額である一括評価金銭債権に係る貸倒引当金（以下，「一括貸倒引当金」という）を超過する額は，否認加算され当期の損金には含められません。当該将来減算一時差異は，将来，税務上の損金算入要件を満たしたときに認容減算されますが，これにより将来期の課税所得を減額し将来期の納付税額を減額する効果を有する場合に，繰延税金資産を計上しなければなりません。そのため，将来減算一時差異のスケジューリングにあたっては，税務上の損金算入時期を見積り，将来課税所得を減少させる効果が認められる部分に係る税金の額を繰延税金資産として計上することとなります。

(2) 税務上の一括貸倒引当金

一括貸倒引当金については，法人税法第52条第２項で定められています。平成23年度税制改正において貸倒引当金制度の適用法人が限定されましたが，金融機関では引き続き貸倒引当金繰入額の損金算入が可能です（法法第52条第１項第２号）。

一括貸倒引当金の繰入限度額は，事業年度終了時の一括評価金銭債権の帳簿価額の合計額に貸倒実績率を乗じて計算します（法令第96条第６項）。

図表3-18-1　貸倒実績率（法令第96条第6項）

$$\text{貸倒実績率（小数点以下第4位未満切上げ）} = \frac{\left(\begin{array}{l}\text{事業年度開始の日前3年以内}\\\text{に開始した事業年度の売掛債}\\\text{権等の貸倒損失の額＋個別評}\\\text{価分の貸倒引当金繰入額－個}\\\text{別評価分の貸倒引当金戻入額}\end{array}\right) \times \dfrac{12}{\text{事業年度の合計月数}}}{\left(\begin{array}{l}\text{事業年度開始の日前3年以内}\\\text{に開始した事業年度終了の時}\\\text{における一括評価金銭債権の}\\\text{帳簿価額の合計額}\end{array}\right) \div \text{事業年度の数}}$$

会計上の一般貸倒引当金と税務上の一括貸倒引当金とは，対象債権の範囲，貸倒実績率算定対象期間，貸倒実績率算定上の損失（一括貸倒引当金の分子には有税貸倒損失や有税個別引当，不良債権の譲渡損を含まない）等，両者の計算式の相違により，その金額に差異が生じます。

(3) 一般貸倒引当金の税務上の損金算入時期

一般貸倒引当金は将来の貸倒れによる損失に備えるものであるため，その対象となっている債権の債務者区分が破綻懸念先以下にランクダウンし，税務上の個別引当要件あるいは貸倒損失要件を充足するというシナリオによるスケジューリングが基本と考えられます。

①　翌期洗替による減算

当期に加算した一括貸倒引当金の繰入限度超過額は，翌事業年度に全額認容減算されます（法法第52条第10項）。しかし，仮に翌期において当期と状況が全く変わらない場合，洗替による全額容認減算に対して同額の繰入限度超過額が加算されることになり，結果課税所得を減少する効果が生じていないことになります。そのため，損金算入時期の見積りとして「翌期洗替による減算」では十分ではないと考えられます。

②　破綻懸念先以下へのランクダウンによる減算

正常先債権・要注意先債権が破綻懸念先以下にランクダウンする場合は，税務上の個別引当要件あるいは貸倒損失要件を充足することにより，損金算入が可能となります。

図表3-18-2　損金算入フロー

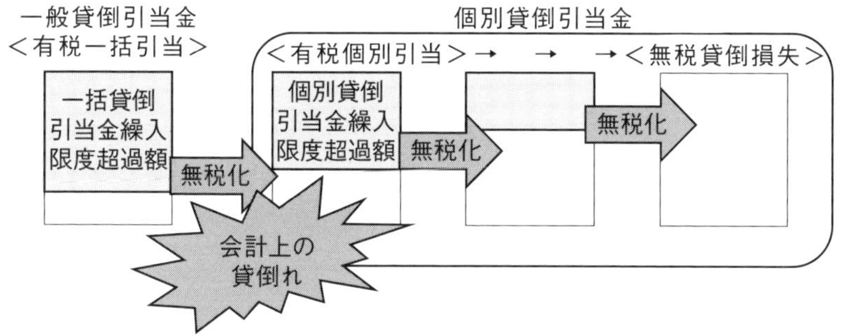

［個別貸倒引当金（法令第96条第１項）］
①長期棚上債権
②債務超過等により回収見込みのない金銭債権
③形式基準による金銭債権
④外国政府等に対する金銭債権

［貸倒損失（法基通）］
9-6-1　金銭債権の全部または一部の切捨てをした場合の貸倒れ
9-6-2　回収不能の金銭債権の貸倒れ
9-6-3　一定期間取引停止後弁済がない場合等の貸倒れ

(4)　一般貸倒引当金に係る将来減算一時差異のスケジューリング

企業会計基準適用指針第26号「繰延税金資産の回収可能性に関する適用指針」第13項では，以下のとおり記載されています。

> ただし，期末において税務上の損金の算入時期が明確ではない将来減算一時差異のうち，例えば，貸倒引当金等のように，将来発生が見込まれる損失を見積ったものであるが，その損失の発生時期を個別に特定し，スケジューリングすることが実務上困難なものは，過去の税務上の損金の算入実績に将来の合理的な予測を加味した方法等によりスケジューリングが行われている限り，スケジューリング不能な一時差異とは取り扱わない。

損失の発生時期を個別に特定し，スケジューリングすることが実務上困難な場合には，上述（3）で示した損金算入フローや各行のデータ保有状況等に基づき，過去の損金算入実績に将来の合理的な予測を加味して，各行の実態に応じた合理的なスケジューリングを行います。たとえば以下の 例１ に示した手順によってスケジューリングを行うなどが考えられます。なお，見積方法の合理性については，毎期，バックテストを実施すること等により検証し，見直しをする必要があります。

例１ スケジューリング例

①　正常先債権・要注意先債権から破綻懸念先以下債権になる期間の見積り

正常先債権・要注意先債権から破綻懸念先以下債権になる期間については，一般貸倒引当金は損失見込期間内に発生が見込まれる貸倒損失を引き当てるもののため，貸倒実績率の損失見込期間中（正常先債権については今後１年間を，要注意先債権のうち要管理先債権については今後３年間を，その他の要注意先債権については今後１年間を見込むなど）に破綻懸念先以下債権となると見積ることも合理的と考えられます。

②　破綻懸念先以下債権に係る個別貸倒引当金・貸倒損失のうち，債務者区分の下方遷移後，損金算入要件を満たすまでの経過年数ごとの金額割合の見積り

図表3-18-3　5年間でのスケジューリング例

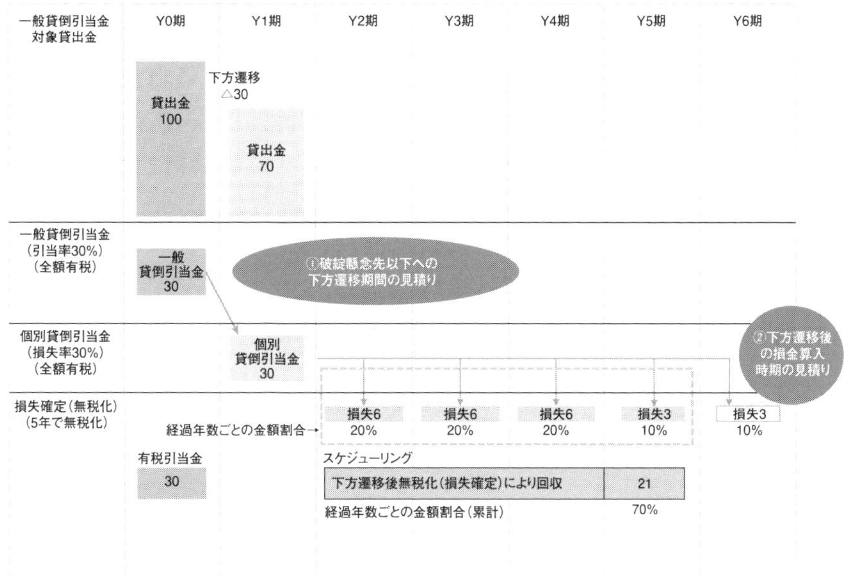

Q3-19 繰延ヘッジ損失やその他有価証券評価差額金に係る将来減算一時差異

繰延ヘッジ損益やその他有価証券評価差額金に係る将来減算一時差異の解消見込年度のスケジューリングはどのように行いますか。

Answer Point

- 繰延ヘッジ損失に係る将来減算一時差異は，ヘッジの有効性により，ヘッジ対象に係る評価差益（将来加算一時差異）とほぼ同時期・同額にて解消されるものとみることができます。
- その他有価証券評価差額金に係る将来減算一時差異は，原則は個別銘柄ごとにスケジューリングしますが，スケジューリング不能銘柄は評価益と評価損の純額について一括して税効果を認識することができます。

(1) 繰延ヘッジ損失に係る将来減算一時差異

① 繰延ヘッジ損失に係る税効果会計の適用

繰延ヘッジ損益とは，ヘッジ対象に係る損益が認識されるまで繰り延べられるヘッジ手段に係る損益または時価評価差額をいいます（財規第67条第１項第２号）。

繰延ヘッジ損益に係る一時差異は，繰延ヘッジ損失と繰延ヘッジ利益とに区分し，繰延ヘッジ損失に係る将来減算一時差異については，回収可能性を判断した上で繰延税金資産を計上し，繰延ヘッジ利益に係る将来加算一時差異については，繰延税金負債を計上します。ここで，繰延ヘッジ損失に係る将来減算一時差異のスケジューリングにあたっては，ヘッジ有効性を考慮すれば，通常，ヘッジ対象に係る評価差益（将来加算一時差異）とほぼ同時期・同額にて解消されるものとみることもできると考えられることから，将来年度の収益力に基づく一時差異等加減算前課税所得によって繰延税金資産の回収可能性を判断する場合には，企業会計基準適用指針第26号「繰延税金資産の回収可能性に関する適用指針」における分類１および分類２の企業に加え，分類３および第29項に従って分類３に該当するものとして取り扱われる企業についても回収可能性があると判断できるものとされています（企業会計基準適用指針第26号「繰延税金資産の回収可能性に関する適用指針」第46項，第115項）。

(2) その他有価証券評価差額金に係る将来減算一時差異

①　その他有価証券に係る税効果会計の適用

その他有価証券評価差額金に係る繰延税金資産の回収可能性の判断については，企業会計基準適用指針第26号「繰延税金資産の回収可能性に関する適用指針」第38項および第39項に従い，**図表3-19-1**のとおり処理します。

図表3-19-1　評価差額に係る繰延税金資産の回収可能性

	原則	容認	
	スケジューリング	スケジューリング可能	スケジューリング不能
評価差損	個々にスケジューリング結果に基づき回収可能性を検討した上で繰延税金資産を認識	合計額でのスケジューリング結果に基づき回収可能性を検討した上で繰延税金資産を認識	純額の合計額（評価差損(1)または評価差益(2)）について，繰延税金資産または繰延税金負債を認識
評価差益	繰延税金負債を認識	繰延税金負債を認識	

(1) 純額で評価差損の場合
- 分類１および分類２に該当する企業の場合…回収可能性があると判断できる。
- 分類３および第29項に従って分類3に該当するものとして取り扱われる企業の場合…将来の合理的な見積可能期間（おおむね５年）内の一時差異等加減算前課税所得の見積額からスケジューリング可能な一時差異の解消額を加減した額を限度として，純額の評価差損に係る繰延税金資産を計上しているときは，回収可能性があると判断できる。

(2) 純額で評価差益の場合
- 繰延税金資産の回収可能性の判断にあたり，その他有価証券評価差額金以外の将来減算一時差異とは相殺できない。

なお，図表容認に記載のとおり，その他有価証券の純額の評価差損に係る将来減算一時差異は，スケジューリング不能な将来減算一時差異ですが，通常，その他有価証券は随時売却が可能であり，また，長期的には売却されることが想定される有価証券であることを考慮し，一括して繰延税金資産を計上することができるとされています。

ただし，過年度に会計上減損処理を実施し（税務上は有税償却），将来減算一時差異が生じている銘柄は，原則として個別銘柄ごとに管理してスケジューリングを行うこととされています。したがって，このような場合，当該銘柄の評価差額は，上表に示した「容認処理」の「スケジューリング不能」に含めて一括して税効果会計を適用できず，個々の銘柄ごとに税効果会計を適用します。

具体的には，評価差損の銘柄に関しては，有税償却の将来減算一時差異と評価差損に係る将来減算一時差異について，個別にスケジューリング可否と回収可能性を検討します。

図表3-19-2　評価差損の銘柄に関する将来減算一時差異

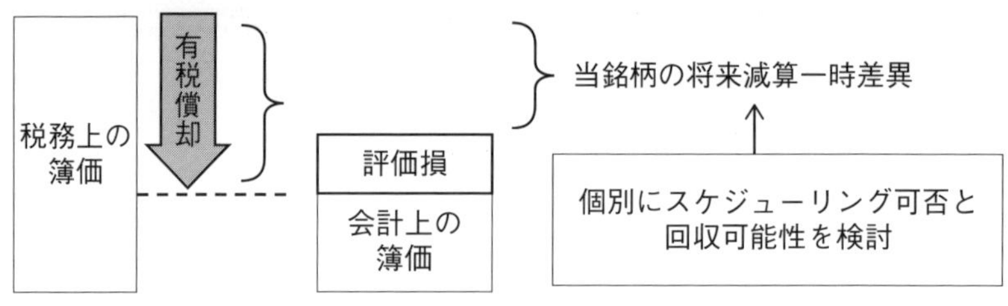

また，評価差益の銘柄に関しては，有税償却に係る将来減算一時差異について繰延税金資産を計上している場合，減損処理後の時価の上昇による，将来減算一時差異の戻入れに対応する繰延税金資産を取り崩します（企業会計基準適用指針第26号「繰延税金資産の回収可能性に関する適用指針」設例 2(1)(2))。

一方，評価差益の銘柄に関する有税償却に係る将来減算一時差異について繰延税金資産を計上していない場合は，将来減算一時差異の戻入れに対して取り崩す繰延税金資産を計上していないため，回収不能とした将来減算一時差異が減少するのみで，評価差益に関する税効果の処理は不要となります（企業会計基準適用指針第26号「繰延税金資産の回収可能性に関する適用指針」設例２(3)）。

図表3-19-3　評価差益の銘柄に関して，有税償却に係る将来減算一時差異について繰延税金資産を計上していない場合

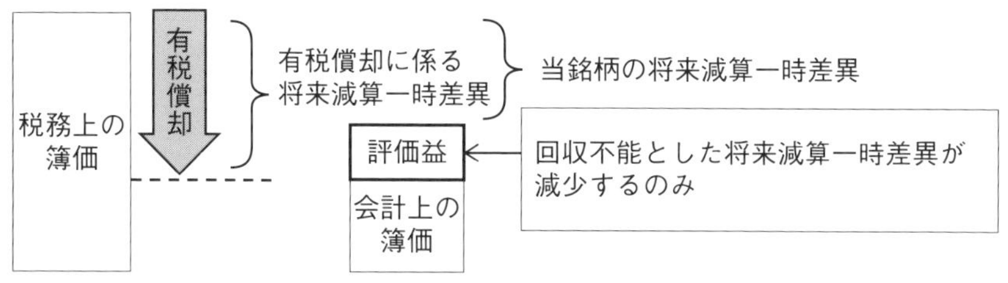

②　評価差額のスケジューリング

(a)　株　式

金融機関においては，純投資目的の株式のほかに，取引先との関係強化などの観点から保有する政策投資目的の株式を少なからず保有しています。当該政策投資株式の処分にあたっては，取引先の了解を得るとしている金融機関が多く，税務上の損金の算入時期を個別に特定できないのが実情と推察されます。しかし，株式の処分方針が行内で正式に決定された以降に，過去の処分実績などの合理的な根拠をもって将来のいずれかの時点で回収できることを説明するなど，回収可能性が認められる場合もあると考えられます。

(b)　債　券

その他有価証券に区分される債券には，余剰資金の短期運用あるいは中長期的な運用を目的とするもの，貸出金の代替として発行するものなど，さまざまな運用を目的とする債券があり，それらがさまざまな運用方針のもとに保有されています。そのため，スケジューリング可否の判断にあたっては，債券の保有目的の側面だけでなく，各行の運用方針および運用状況を勘案し各行の実態に即して適切に判断します。

(3) 繰延税金資産および繰延税金負債の計算に用いる法定実効税率

繰延税金資産および繰延税金負債の計算に用いる法定実効税率については，評価差額の実現時期を考慮して適用する必要があります。具体的には，繰延ヘッジ損益であれば，ヘッジ対象の損益認識時点に基づき評価差額の実現時期を検討します。なお，債券の場合，評価差額が実現すると見込まれる時期を勘案し，繰延税金資産および繰延税金負債の金額が適切かについて留意する必要があります。

そのため，法定実効税率については，繰延税金資産および繰延税金負債の回収または支払が行われると見込まれる期間に応じて算定することが必要となることに留意が必要です。

Q3-20　支払承諾の会計処理

銀行が債務保証等を行う場合，どのような会計処理を行いますか。

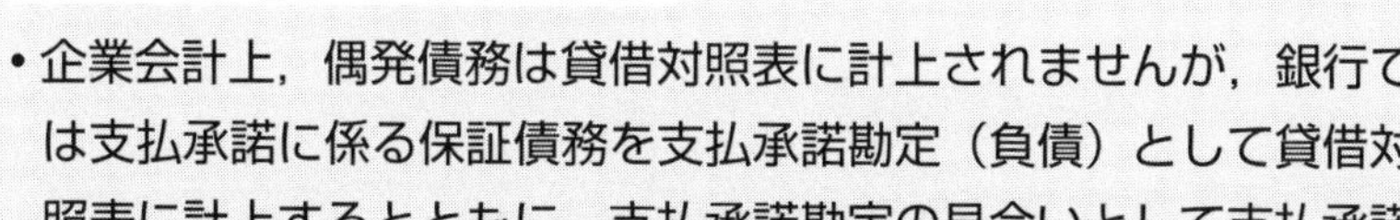

Answer Point

- 企業会計上，偶発債務は貸借対照表に計上されませんが，銀行では支払承諾に係る保証債務を支払承諾勘定（負債）として貸借対照表に計上するとともに，支払承諾勘定の見合いとして支払承諾見返勘定（資産）を貸借対照表に計上します。
- 支払承諾見返については，貸出金と同様に自己査定が実施され，その結果に基づき償却・引当を行います。
- 保証子会社における，親銀行の住宅ローン等に対する保証については，保証子会社の単体財務諸表ではその保証債務に対して債務保証損失引当金が計上されますが，銀行の連結財務諸表上では貸倒引当金が計上されます。
- 自行保証付私募債に係る支払承諾勘定，支払承諾見返勘定は相殺消去され，貸借対照表には計上されません。

(1) 支払承諾の概要

銀行は与信業務の一部として，顧客からの依頼に基づいて各種債務の保証を行うことがありますが，これを支払承諾といいます。顧客が実際に債務を履行しない場合には，銀行が保証人として当該債務を履行し，顧客に代わって債権者に支払義務を負うこととなり，当該債務の履行に伴って，顧客に対して求償権を得ることとなります。財規第58条では，債務の保証など現実に発生していない債務で，将来において事業の負担となる可能性のあるものを偶発債務と定義していますが，保証期間中においては，支払承諾も偶発債務であり支払承諾勘定として貸借対照表に計上され，その見合いが支払承諾見返勘定として貸借対照表に計上されます。

(2) 支払承諾に含まれる取引，貸借対照表における会計処理および表示方法

支払承諾に含まれる取引を**図表3-20-1**にまとめています。

図表3-20-1　支払承諾に含まれる取引

顧客が債務者である場合	• 顧客の他金融機関からの借入れへの保証 • 顧客が振り出した手形への保証 • 顧客が発行した債券への保証 • 顧客が輸入者の場合の信用状の発行 • 顧客が行う工事の入札保証・工事の完成保証
顧客が債務者と異なる場合	• 顧客が輸出者の場合，輸入者の信用状のコンファーム

支払承諾に関する一連の会計処理を**図表3-20-2**にまとめています。以下の仕訳以外にも，保証料に係る仕訳（経過勘定を含む）が必要となりますが，ここでは支払承諾の貸借対照表における会計処理のみをまとめているため，記載を省略しています。

図表3-20-2　支払承諾の貸借対照表における会計処理

保証実施時	（借）支払承諾見返	×××	（貸）支払承諾	×××
保証履行時	（借）支払承諾	×××	（貸）支払承諾見返	×××
	（借）その他の資産	×××	（貸）現金預け金	×××
保証終了時	（借）支払承諾	×××	（貸）支払承諾見返	×××

（注）求償権はその他の資産としています。

企業会計上，偶発債務は貸借対照表には計上されず，重要性の乏しいものを除いて，その内容および金額を注記することとなっています。しかし，銀行法施行規則の別紙様式にて，支払承諾勘定および支払承諾見返勘定は貸借対照表の勘定科目として定められており，銀行業においては偶発債務である支払承諾を支払承諾勘定として，その見合いを支払承諾見返勘定として貸借対照表に計上しています。

(3) 貸倒引当金の計上方法

支払承諾見返は貸出金に準ずる債権として，貸出金と同様に自己査定が実施され，その結果に基づき償却・引当がなされます。自己査定および貸倒引当金の詳細については，Q3-21 ～ Q3-25をご参照ください。

(4) 保証子会社が親銀行の住宅ローン等に対して保証を行っている場合

住宅ローン等の保証会社を子会社としている銀行も多いので，債務保証の派生論点として，親銀行の住宅ローン等に対して保証子会社が保証を行う場合を取り上げます。保証子会社が親銀行の住宅ローン等に対して保証を行う場合，保証子会社の単体財務諸表においては，親銀行のように保証債務について支払承諾勘定および支払承諾見返勘定が貸借対照表に計上されることはなく，必要に応じて債務保証損失引当金を計上することとなります。ただし，親銀行の連結財務諸表上は保証子会社と親銀行間の保証は内部取引として相殺されますので，連結決算上は保証がなかったものとして，親銀行において改めて住宅ローン等に対する貸倒引当金を計上することとなります。したがって，保証子会社の自己査定および償却・引当に関するルールは，親会社である銀行の自己査定および償却・引当のルールと整合性をもたせることが望ましいでしょう。

(5) 自行保証付私募債

銀行自らが保証した私募債，いわゆる自行保証付私募債を引き受けた場合には，私募債を有価証券として計上しますが，保証については私募債発行会社が償還不能に陥った際，保証を履行する相手が自分自身となってしまうため，自行保証付私募債に係る支払承諾勘定，支払承諾見返勘定については相殺し，貸借対照表には計上しません。また，銀行法施行規則の別紙様式第３号の２「貸借対照表の（記載上の注意）」において「資産の部の社債（当該社債を有する金融機関がその元本の償還及び利息の支払の全部又は一部について保証しているものであつて，当該社債の発行が金融商品取引法第２条第３項に規定する有価証券の私募によるものに限る。）に係る保証債務の額」を注記することが求められており，相殺消去した金額について注記をすることとなっています。

Q3-21 貸倒引当金全般

銀行は貸倒引当金をどのように計算するのでしょうか。

Answer Point

- 銀行の貸倒引当金は，自己査定を通じて債務者区分の決定および債権分類を実施し，その自己査定結果に基づき計算します。
- 貸倒引当金を計上する替わりに債権残高を直接に減額することを直接償却といい，これに対して貸倒引当金を計上することを間接償却といいます。
- 直接償却と間接償却を併せて，「償却・引当」といいます。
- また，自己査定結果に基づいて，銀行では不良債権の開示を行う必要があります。具体的には金融再生法上の開示債権と銀行法上のリスク管理債権の2種類があります。なお，2020年1月に銀行法施行規則が改正され，2022年3月31日以降は両者の開示が一本化されることとなりました。

(1) 銀行の貸倒引当金の特徴

1998年４月に銀行に対して早期是正措置制度がスタートしました。早期是正措置制度の下では，各銀行の自己資本比率が適切に算定されることが要求されます。適切に自己資本比率が算定されるために銀行の保有する資産を個別に検討して，回収不能となる危険性または価値の毀損の危険性に応じて区分し，貸倒引当金の計算を行うことが求められています。

そのため，各銀行は，自行の保有する資産を適切に評価するため，旧「金融検査マニュアル」や銀行等監査特別委員会報告第４号等を踏まえ，それぞれの規模などの特性に応じた詳細な自己査定マニュアルおよび償却・引当マニュアルを作成しています。これらのマニュアルに基づいた債務者区分の決定および債権の分類を基礎に貸倒引当金を計算します。

このように，銀行の貸倒引当金は，準備作業としての自己査定を詳細なマニュアルにより実施した上で精緻に算定されていることが特徴的といえます。

(2) 貸倒引当金算定までの手順

貸倒引当金算定までの一般的な手順は以下の**図表3-21-1**のとおりです。大別すると，貸倒引当金算定までの手順としては，自己査定と償却・引当の２つの手順があり，自己査定（**図表3-21-1**では自己査定結果の確定の部分）は債務者区分の決定と債権の分類の２つに分かれます。

図表3-21-1　貸倒引当金算定までの一般的な手順

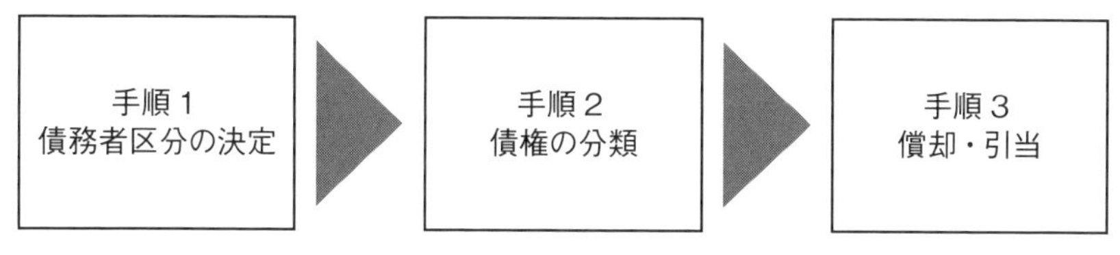

①　手順1：債務者区分の決定

自己査定マニュアルに基づいて債務者区分を決定します。

②　手順2：債権の分類

手順１で決定した債務者区分に基づき，担保および保証等による調整を行い，分類対象外債権の有無を検討し債権を分類します。

以上の手順１および手順２により自己査定結果として次頁の**図表3-21-2**のようなマトリックスが作成されます。なお，図表中の網掛け部分は，債権分類において発生しません（詳細は**Q3-22**参照）。

図表3-21-2 自己査定結果のマトリックス

	債務者区分	非分類	Ⅱ分類	Ⅲ分類	Ⅳ分類	合計
		低　回収リスク→高				
低	正常先	×××				×××
信用リスク	要注意先	×××	×××			×××
↕	破綻懸念先	×××	×××	×××		×××
	実質破綻先	×××	×××	×××	×××	×××
高	破綻先	×××	×××	×××	×××	×××
	合計	×××	×××	×××	×××	×××

③　手順3：償却・引当

手順1および手順2による自己査定結果に基づいて，貸倒引当金の算定を行います。貸倒引当金は一般貸倒引当金および個別貸倒引当金の2つに大別されます。

一般貸倒引当金は正常先および要注意先に対する債権について将来の貸倒損失に備え信用格付の区分もしくは債務者区分ごとに一括して計上する引当金のことをいい，個別貸倒引当金は破綻懸念先以下に対する債権について将来の貸倒損失に備え個別債務者ごとに計上する引当金のことをいいます（要注意先および破綻懸念先については，キャッシュ・フロー見積法（DCF法）を採用する場合もあります）。なお，詳細については**Q3-23**，**Q3-24**および**Q3-25**で説明します。

(3) 不良債権の開示

不良債権の開示は，金融再生法開示債権および銀行法上のリスク管理債権の2種類があり，開示債権等の範囲が異なっています。ここでは，それぞれの開示範囲等の違いについて説明します。

金融再生法開示債権は貸出金のほかに，外国為替，未収利息，仮払金，支払承諾見返および貸付有価証券などの総与信を対象としているのに対して，リスク管理債権は貸出金のみを対象としています。また，金融再生法開示債権は単体ベースでの開示が要求されているのに対して，リスク管理債権については単体および連結の両方の開示が要求されています。

なお，金融再生法開示債権とリスク管理債権について自己査定上の債務者区分との関係を示すと，**図表3-21-3**のとおりとなります。

図表3-21-3　債務者区分と不良債権の開示との関係

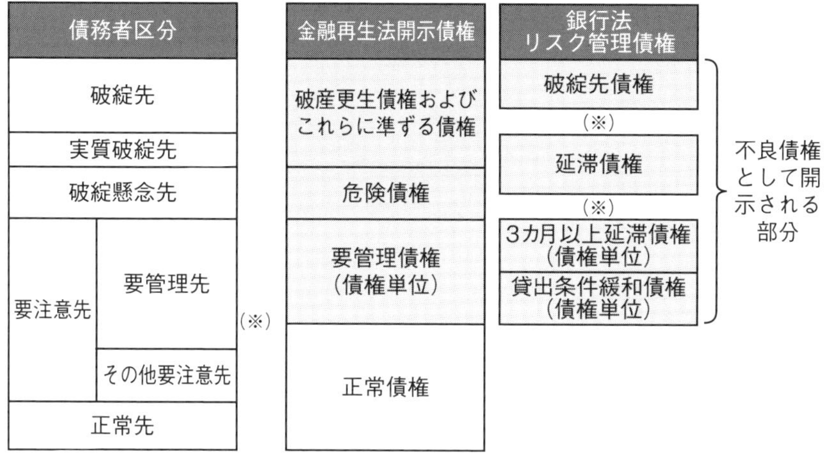

（※）金融再生法開示債権とリスク管理債権では，開示される対象債権が異なるため。

2020年1月に銀行法施行規則が改正され，2022年３月31日以降は両者の開示が一本化されることとなりました。2022年３月31日以降は，金融再生法および銀行法双方に基づく義務として「破産更生債権およびこれらに準ずる債権」「危険債権」「正常債権」の額を，銀行法のみに基づく義務として「３カ月以上延滞債権」および「貸出条件緩和債権」の額を，金融再生法のみに基づく義務として「要管理債権」の額を開示する必要があります。当該改正を踏まえた2022年３月31日以降の金融再生法開示債権とリスク管理債権について，自己査定上の債務者区分との関係を示すと次頁の**図表3-21-4**のとおりとなります。

図表3-21-4　債務者区分と不良債権の開示との関係（2022年3月31日以降）

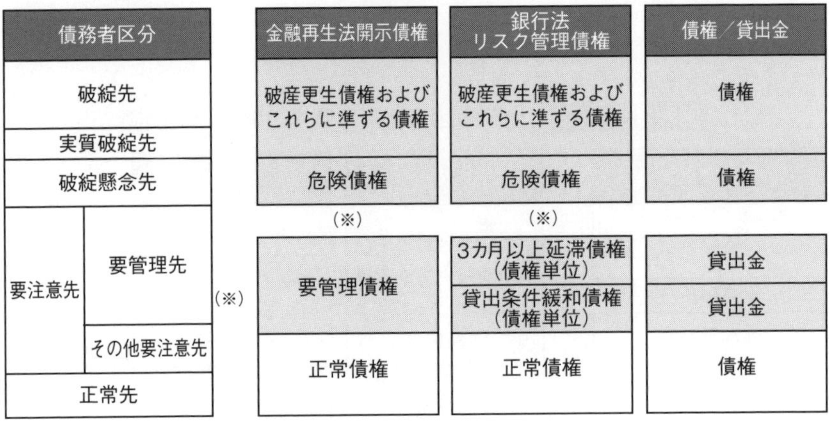

債務者区分		金融再生法開示債権	銀行法リスク管理債権	債権／貸出金
破綻先		破産更生債権およびこれらに準ずる債権	破産更生債権およびこれらに準ずる債権	債権
実質破綻先				
破綻懸念先		危険債権	危険債権	債権
		（※）	（※）	
要注意先	要管理先（※）	要管理債権	3カ月以上延滞債権（債権単位）	貸出金
			貸出条件緩和債権（債権単位）	貸出金
	その他要注意先	正常債権	正常債権	債権
正常先				

（※）要管理先に対する貸出金以外の債権は正常債権に含まれる。

Q3-22 自己査定

自己査定とはどのようなものですか。また，銀行はどのように自己査定を行っているのでしょうか。

Answer Point

- 自己査定とは銀行自らが保有する資産を個別に検討して，回収不能となる危険性または価値の毀損の危険性に応じて区分することをいいます。
- 銀行は，自己査定を行うにあたって，旧「金融検査マニュアル」等を踏まえ，それぞれの規模特性に応じた詳細な自己査定マニュアルを作成しています。この自己査定マニュアルに基づき債務者区分を決定し，それぞれの債務者区分に応じて，担保・保証による調整等（債権の分類）を行います。

(1) 自己査定の全体像

自己査定とは，銀行自らが保有する資産を個別に検討して回収不能となる危険性または価値の毀損の危険性に応じて区分することをいいます。**Q3-21の図表3-21-1**に示した３つの手順のうち，自己査定では，①債務者区分の決定（個別債務者の信用リスクを把握する）と②債権の分類（各個別債務者の信用リスクに応じた回収リスクを把握する）を実施することをいいます。この２つの手順を行うことで回収不能となる危険性・価値の毀損の危険性の度合いを区分していきます。

(2) 債務者区分の決定

① 債務者区分

債務者区分とは，債務者の財務状況，資金繰り，収益力等により，返済の能力を判定して，その状況等により債務者を正常先，要注意先，破綻懸念先，実質破綻先および破綻先に区分することをいいます。要注意先はさらに，要管理先とその他要注意先に区分します。

図表3-22-1に各債務者区分の定義・判断要素についてまとめています。

図表3-22-1 債務者区分と定義・判断要素

債務者区分	定義・判断要素
正常先	業況が良好であり，かつ財務内容にも特段の問題がないと認められる債務者
要注意先 （その他要注意先）	貸出条件に問題のある債務者，履行状況に問題のある債務者，業況が低調ないし不安定な債務者または財務内容に問題がある債務者など今後の管理に注意を要する債務者
要注意先 （要管理先）	要注意先のうち，当該債務者の債権の全部または一部が要管理債権（金融再生法施行規則第４条第４項に定める３カ月以上延滞債権および貸出条件緩和債権をいう）である債務者 • ３カ月以上延滞債権（元金または利息の支払が，約定支払日の翌日を起算日として３カ月以上延滞している貸出債権） • 貸出条件緩和債権（経済的困難に陥った債務者の再建または支援を図り，当該債権の回収を促進すること等を目的に，債務者に有利な一定の譲歩を与える約定条件の改定等を行った貸出債権（３カ月以上延滞債権を除く）（以下の③参照）
破綻懸念先	現状，経営破綻の状況にはないが，経営難の状態にあり，経営改善計画等の進捗状況が芳しくなく，今後，経営破綻に陥る可能性が大きいと認められる債務者
実質破綻先	法的，形式的な経営破綻の事実は発生していないものの，深刻な経営難の状態にあり，再建の見通しがない状況にあると認められるなど，実質的に経営破綻に陥っている債務者
破綻先	法的，形式的な経営破綻の事実が発生している債務者，例えば，破産，清算，会社整理，会社更生，民事再生，手形交換所における取引停止処分等の事由により経営破綻に陥っている債務者

②　中小・零細企業等の債務者区分の判断

中小・零細企業等については，その財務状況のみならず，技術力，販売力や成長性，代表者等の役員に対する報酬の支払状況，代表者等の収入状況や資産内容，保証状況や保証能力等を総合的に勘案し，その経営実態を踏まえて判断をすることに留意が必要です。

③　貸出条件緩和債権

貸出条件緩和債権とは，「債務者の経営再建又は支援を図ることを目的として，金利の減免，利息の支払猶予，元本の返済猶予，債権放棄その他の債務者に有利となる取決めを行った貸出金」をいいます（「銀行法施行規則」第19条の２第１項第５号)。ただし，破綻懸念先以下の債務者に対する債権もしくは３カ月以上延滞債権に該当するものは除きます。

この貸出条件緩和債権の判定は，不良債権の開示対象となるか否かの重要なポイントであり，具体的には「金利の減免，利息の支払猶予，元本の返済猶予，債権放棄その他」の行為が(i)債務者の経営再建または支援を図ることを目的としていること，および(ii)債務者にとって有利となる取決めであることの２つの要件判定が重要となります。

(i)債務者の経営再建または支援を図ることを目的としているか否かの判定においては，債務者の経営状況および金融機関の意図等に基づき判断することとし，当該条件変更が，債務者の経営再建または支援を図ることを目的としていないと認められる場合には，債務者に有利となる取決めを行っている場合であっても，貸出条件緩和債権には該当しないこととなります。債務者の経営再建または支援を図る目的の有無については，単に融資形態のみをもって判断するのではなく，債務者の状況や資金の性格等を総合的に勘案して判断する必要があります。たとえば，書換えが継続している手形貸付であっても，いわゆる正常運転資金については，そもそも債務者の支援を目的とした期限の延長ではないことから，貸出条件緩和債権には該当しません。また，他の金融機関との競合上の観点から現状の金利を適用することが取引継続のため必要とされるような場合には，債務者の支援を目的とした金利の設定ではないことから貸出条件緩和債権に該当しません。

(ii)「有利となる取決め」か否かの判定においては，約定条件の改定を行った貸出金に対して，基準金利（当該債務者と同等な信用リスクを有している債務者に対して通常適用される新規貸出実行金利をいう）が適用される場合と実質的に同等の利回りが確保されているかどうか検討することが必要です（債権単位での検討）。基準金利については，新規貸出約定平均金利が原則ですが，その区分において，信用リスク等に見合ったリターンが確保されている旨を合理的・客観的に証明できる方法により求めた金利（理論値）を著しく下回る場合には，当該方法により求めた金利を基準金利とする必要があります。

債権単位で基準金利と同等の利回りを確保できていない場合，約定条件の改定を行った債務者に関する他の貸出金利息，手数料，配当等の収益，担保・保証等による信用リスク等の増減，競争上の観点等の当該債務者に対する取引の総合的な採算を勘案して，当該貸出金に対して，基準金利が適用される場合と実質的に同等の利回りが確保されているかどうかを検討します（債務者単位での検討）。

また，「主要行等向けの総合的な監督指針Ⅲ－３－２－４－３」および「中小・地域金融機関向けの総合的な監督指針Ⅲ－４－９－４－３」（以下，「監督指針」という）において，債務者の経営再建または支援を図ることを目的として，債務者にとって有利となる取決めを行った貸出金であると判定された場合であっても，実現可能性の高い抜本的な経営再建計画に沿った金融支援の実施により経営再建が開始されている場合等については今後の経営改善が見込まれると考えられるため貸出条件緩和債権に該当しないものと判断して差し支えないこととなっています。

なお，「債務者にとって有利となる取決め」の行為の事例としては，監督指針において，以下のａ～ｇが示されています。

ａ．金利減免債権：金利を引き下げた貸出金

ｂ．金利支払猶予債権：金利の支払を猶予した貸出金

ｃ．経営支援先に対する債権：債権放棄やDES（デット・エクイティ・スワップ）などの支援を実施し，今後も再建計画の実施に際し追加的支援の蓋然性が高い債務者に対する貸出金

ｄ．元本返済猶予債権：元本の支払を猶予した貸出金

ｅ．一部債権放棄を実施した債権：私的整理における関係者の合意や会社更生，民事再生手続における認可決定等に伴い，元本の一部又は利息債権の放棄を行った貸出金の残債

ｆ．代物弁済を受けた債権：債務の一部弁済として，不動産や売掛金などの資産を債務者が債権者に引き渡した貸出金（担保権の行使による引き渡しを含む）の残債

ｇ．債務者の株式を受け入れた債権：債務の一部弁済として，債務者の発行した株式を受領した貸出金の残債。ただし，当初の約定に基づき貸出金を債務者の発行した株式に転換した場合は除く。

(3) 債権の分類

債務者区分が決定されると，担保・保証による調整等の把握を行い，債権を分類することになります。まず，担保・保証による調整等を説明する前に分類区分について説明します。

①　分類区分

自己査定においては，回収不能となる危険性または価値の毀損の危険性の度合いに応じて資産をⅠ，Ⅱ，Ⅲ，Ⅳの４段階の区分に分類します（Ⅰ分類は非分類ともいいます）。

図表3-22-2 旧「金融検査マニュアル」における分類区分とその定義

分類区分	定　義
Ⅰ分類（非分類）	Ⅱ分類，Ⅲ分類およびⅣ分類としない資産であり，回収不能となる危険性または価値の毀損の危険性について，問題のない資産をいいます。
Ⅱ分類	債権保全上の諸条件が満足に満たされていないため，あるいは，信用上疑義が存する等の理由により，その回収について通常の度合いを超える危険を含むと認められる債権等の資産をいいます。
Ⅲ分類	最終の回収または価値について重大な懸念が存し，したがって，損失の可能性が高いが，その損失について合理的な推計が困難な資産をいいます。
Ⅳ分類	回収不可能または無価値と判定される資産をいいます。

この分類区分は，各債務者区分に応じて債権を分類していくため，債務者区分との関係を理解する必要があります。

図表3-22-3は自己査定結果のマトリックスであり（**図表3-22-3**は**Q3-21**の**図表3-21-2**の自己査定結果のマトリックスに債権の分類方法について記載したものです），縦が債務者区分（信用リスクの程度），横が分類区分（回収リスクの程度）を示しており，この表により，債権の回収不能となる危険性・価値の毀損の危険性の度合いを把握することができます。

図表3-22-3　自己査定結果のマトリックス(債務者区分・分類区分との関係)

<table>
<tr><td colspan="2"></td><td colspan="4">低　回収リスク　高
←――――――――→</td></tr>
<tr><td></td><td>債務者区分</td><td>Ⅰ分類(非分類)</td><td>Ⅱ分類</td><td>Ⅲ分類</td><td>Ⅳ分類</td></tr>
<tr><td rowspan="5">低↑
信用リスク
高↓</td><td>正常先</td><td>債権全額</td><td></td><td></td><td></td></tr>
<tr><td>要注意先</td><td rowspan="4">・優良担保の処分見込額
・優良保証等による回収見込額</td><td>左記以外</td><td></td><td></td></tr>
<tr><td>破綻懸念先</td><td rowspan="3">・一般担保の処分見込額
・一般保証等による回収見込額</td><td>左記以外</td><td></td></tr>
<tr><td>実質破綻先</td><td rowspan="2">優良担保および一般担保の時価(担保評価額)と処分見込額との差額</td><td rowspan="2">左記以外</td></tr>
<tr><td>破綻先</td></tr>
</table>

②　担保・保証による調整

担保もしくは保証により債権の保全が図られている場合には，回収の確実性の程度によって債権を分類します。担保および保証のいずれも共通しているのは回収の確実性によって優良なのか一般なのかに峻別して考える点です(旧「金融検査マニュアル」においては具体的に例示されていました)。

また，担保の場合，担保の時価（担保評価額）と処分見込額が債権の分類にあたって重要となります。この点について，金融商品実務指針第114項においては，「担保には，預金及び市場性のある有価証券など信用度，流通性の高い優良な担保をはじめ，不動産，財団等処分に時間を要するものまで様々あるが，担保の処分見込額を求めるに当たっては，合理的に算定した担保の時価に基づくとともに，当該担保の信用度，流通性及び時価の変動の可能性を考慮する必要がある。なお，簡便法として，担保の種類ごとに信用度，流通性及び時価の変動の可能性を考慮した一定割合の掛目を適用する方法が認められる。」とされています。これは，必ずしも担保を時価で処分できる保証はないため，このリスクを債権保全の観点から債権の分類にあたって考慮しているものと考えられます。

この処分見込額算定にあたって，担保掛け目を使用することが一般的ですが，旧「金融検査マニュアル」では当該担保掛け目が例示されていました。旧「金融検査マニュアル」において示されていた担保掛け目は次の**図表3-22-4**のとおりです。ただし，ここで示されていた掛け目はあくまで目安であるため，各銀行では実態に合った掛け目の設定が求められています。

図表3-22-4　旧「金融検査マニュアル」における担保掛け目の目安

不動産担保		有価証券担保	
土地	評価額の70%	国債	評価額の95%
建物	評価額の70%	政府保証債	評価額の90%
		上場株式	評価額の70%
		その他の債券	評価額の85%

③　設　例

これまで説明した債権の分類額の算定例について，**例１**にて示しています。

例１　債権の分類額の算定例

１．前提条件

以下はある債務者との融資取引状況を示しています。

①　債権額

証書貸付　500

手形貸付　400

②　担保の状況（いずれも掛け目は70%で根担保）

不動産担保：時価800（先順位設定額400）

上場株式　：時価100

２．各債務者区分ごとの債権分類の結果

上記の前提条件に基づいて債権を分類すると，正常先から実質破綻先以下におけるそれぞれの債務者区分の債権分類の結果は，以下のとおりとなります。

債権者区分	債権分類の結果			
正常先	非分類900			
要注意先	非分類70	Ⅱ分類830		
破綻懸念先	非分類70	Ⅱ分類160	Ⅲ分類670	
実質破綻先以下	非分類70	Ⅱ分類160	Ⅲ分類270	Ⅳ分類400

３．解　説

算定のポイントは，それぞれの担保ごとの時価（担保評価額）と処分見込額（時価×担保掛け目）を算定することです。また，旧「金融検査マニュアル」では不動産担保は一般担保となり，上場株式は優良担保とされています。

担保	担保の時価A	処分見込額B	差額（A－B）
不動産担保	800	560（A×70%）	240
上場株式	100	70（A×70%）	30

⑴　正常先の場合

全額非分類となるため，非分類900となります。

⑵　要注意先の場合

上場株式は優良担保となりますので，処分見込額70を非分類とし残額の830がⅡ分類となります。

⑶　破綻懸念先の場合

非分類は要注意先と同じ70となります。Ⅱ分類は一般担保の処分見込額560のうち先順位400を除いた160となり，残額である670がⅢ分類となります。

⑷　実質破綻先以下の場合

非分類70とⅡ分類160は上記の⑵および⑶と同様になります。Ⅲ分類は担保の時価と処分見込額の差額である270（240＋30）となります。そしてⅣ分類は非保全部分である400となります。

Q3-23 一般貸倒引当金

一般貸倒引当金はどのように算定するのでしょうか。また，一般貸倒引当金算定における留意点はどのようなものがありますか。

Answer Point

- 一般貸倒引当金は，正常先および要注意先の債権に対する貸倒引当金のことをいい，信用格付の区分もしくは債務者区分ごとに過去の貸倒実績率または倒産確率に基づき，必要があれば調整を行い将来発生が見込まれる予想損失率を計算します。そして，当該信用格付の区分もしくは債務者区分ごとの債権残高にそれぞれの予想損失率を乗じて算定します。
- 一般貸倒引当金の算定にあたっては，過去実績の算定期間，損失見込期間，異常値控除および過去の貸倒実績率または倒産確率に対して「必要な修正」を行う場合の考え方等について留意する必要があります。

(1) 一般貸倒引当金の算定方法

① 算定方法

一般貸倒引当金は，正常先および要注意先（要管理先を含む）に対して，原則として信用格付の区分，少なくとも債務者区分ごとに，過去の貸倒実績率または倒産確率に基づき将来発生が見込まれる損失率（予想損失率）を求め，それぞれの債権額に，当該予想損失率を乗じて算定します。一般貸倒引当金は，個々の債権ではなく，信用格付の区分または債務者区分などのポートフォリオに対して必要な引当額を算定するものであり，個々の債権について小口分散化され，大数の法則が働くことが前提となっていることに留意が必要です。なお，一般貸倒引当金の具体的な算定方法は**図表3-23**のとおりです。

図表3-23　一般貸倒引当金の算定方法

■予想損失額を算定する方法

予想損失額＝債権額(注1)×予想損失率

■予想損失率を算定する具体的な算定式の例

①　貸倒実績率による方法：

貸倒償却等毀損額(注2)÷債権額

②　倒産確率（件数ベース）による方法

倒産確率×（１－回収見込率）

（注１）債権額とは，自己査定結果に基づく信用格付の区分または債務者区分ごとの期末債権額をいいます。

（注２）貸倒償却等毀損額には直接償却額，間接償却額，債権放棄額および債権売却損等が含まれます。また，償却債権取立益を毀損の治癒として控除します。

②　過去の貸倒実績率または倒産確率の算定期間

算定期間とは実績を算定する１つの期間をいいます。

算定期間は通常は，当期を最終年度とする算定期間を含むそれ以前の２～３算定期間に係る貸倒実績率の平均値で算定されます（金融商品実務指針）。なお，旧「金融検査マニュアル」では，原則として，少なくとも過去３算定期間の実績に基づくものとされていました。

③　損失見込期間

一般貸倒引当金の損失見込期間については，平均残存期間に対応する今後の一定期間における予想損失額を見積ることが原則となっています。これは，債権が有する貸倒リスクは当該債権がすべてなくなるまでの期間にわたって存在し，貸倒引当金は，将来の貸倒損失に備えるための引当金であるため，期末時点の債権が存在し続ける期間（平均残存期間）にわたる貸倒損失を見積ることが合理的と考えられるためです。

銀行等監査特別委員会報告第４号「銀行等金融機関の資産の自己査定並びに貸倒償却及び貸倒引当金の監査に関する実務指針」では，当面，正常先およびその他要注意先については今後1年間を損失見込期間とした予想損失額を，要管理先については今後3年間を損失見込期間とした予想損失額を見積ることも認められています（これを「1－3年基準」といいます）。

例1　平均残存期間の計算例

1．前提条件

①　債務明細

正常先のポートフォリオは下表のとおり。

債務者	債務者区分	期末債権残高	残存期間
A社	正常先	100	3年3カ月
B社	正常先	150	4年1カ月
C社	正常先	300	1年7カ月
合計		550	

②　その他の条件

- 債務者区分ごとに予想損失率を算定している。
- 残存期間は実質的な貸出期間と対応しているため，特段調整は必要ない。

2．計算例

平均残存期間について残存年数を期末の債権残高の加重平均に計算する方法によると下記の計算結果となります。

3年3カ月$\times\frac{100}{550}$＋4年1カ月$\times\frac{150}{550}$＋1年7カ月$\times\frac{300}{550}$=2.568181…

上記の計算の結果，正常先の平均残存年数は約2.56年となります。

3．補足説明

平均残存期間を計算するにあたって，場合によっては契約上の貸出期間から実質的な貸出期間へ調整する必要があります。これについて，実務上，1年未満の貸出金や当座貸越のように一定の与信期間がないものなどをどのように調整するかが留意点として考えられます。

なお，この端数の取扱いについて以下の方法が想定されます（あくまで例示です）。

- 見積期間を切り上げて3年とする方法

• ２年もしくは３年の貸倒実績を算定して，端数の0.56年を補間する方法

(2) 貸倒実績率または倒産確率による貸倒引当金の計上における将来見込み等必要な修正および貸倒実績率または倒産確率の補正

予想損失率は，経済状況の変化，融資方針の変更，ポートフォリオの構成の変更等を斟酌の上，過去の貸倒実績率または倒産確率に将来の予測を踏まえた「必要な修正」を行い決定します。特に，経済状況が急激に悪化している状況においては，過去の貸倒実績率または倒産確率が将来予想される損失を反映しない場合があります。このような場合には直近の算定期間のウェイトを高める方法，最近の期間における貸倒実績率または倒産確率の増加率を考慮する方法等により修正を行って予想損失率を決定することが考えられます。

また，期末日現在に保有する債権の信用リスクが，金融機関の債権に影響を与える外部環境等の変化により過去に有していた債権の信用リスクと著しく異なる場合には，過去の実績率を補正することも必要です。

ただし，将来の損失を適切に見込むためには，予想損失率算定の基礎となる貸倒実績率や倒産確率から異常値を除く必要がある場合も想定されます。旧「金融検査マニュアル」では，異常値控除を行う場合には，合理的な根拠が必要であり，異常値控除の判断は将来において同様の事象が当該ポートフォリオに発生するか否かで判断すべきであって，単に特定の大口先および特定の業種・地域を，他の業種や地域における損失額または倒産率と大きく相違しているといった理由で異常値として除くことは想定されていませんでした。そのため，異常値控除を検討する場合には慎重な判断が必要と考えられます。

(3) 正常先およびその他要注意先の貸倒引当金

ここでは，正常先の貸倒引当金の計算例を説明します（その他要注意先についても計算方法は同様です)。

例２ 正常先およびその他要注意先の貸倒引当金の計算例

１．前提条件

A銀行は，T期の決算にあたって，以下の条件により正常先の一般貸倒引当金を計上している。

① 一般貸倒引当金の見積方法

- 各債務者区分ごとに貸倒実績率により計算している。
- 貸倒実績率の見積りにあたっては３算定期間の平均を採用している。
- A銀行はデータ蓄積が不十分であり，「１－３年基準」に基づき，正常先は今後１年間の予想損失額を見積っている。

② 正常先の期末債権残高推移（単位：億円）

決算期	T-4期	T-3期	T-2期	T-1期	T期
期末債権残高	11,715	11,525	11,949	11,376	11,231

③ 貸倒償却等毀損額

決算期	T-3期	T-2期	T-1期	T期
直接・間接償却	90	120	100	90
債権放棄額	5	10	10	20
DESによる損失	20	10	－	－
債権売却損	5	10	20	－
償却債権取立益	△30	△30	△20	△20
貸倒償却等毀損額	90	120	110	90

２．計算例

上記の前提条件に基づいて計算を行うと，正常先は予想損失額の見積期間は１年であること，および３算定期間の平均により貸倒実績率を計算するため，過去３年間のそれぞれ１年間の毀損率を計算することになります。

以下にその計算過程を示しています。たとえば，第１算定期間の毀損率ですが，T－３期の債権残高が11,525であるためこれを分母とし，T－２期の毀損額120を分子として，計算すると1.04%となります（第２および第３算定期間も同様です）。そして貸倒実績率は第１から第３算定期間の毀損率の平均によって計算されます。

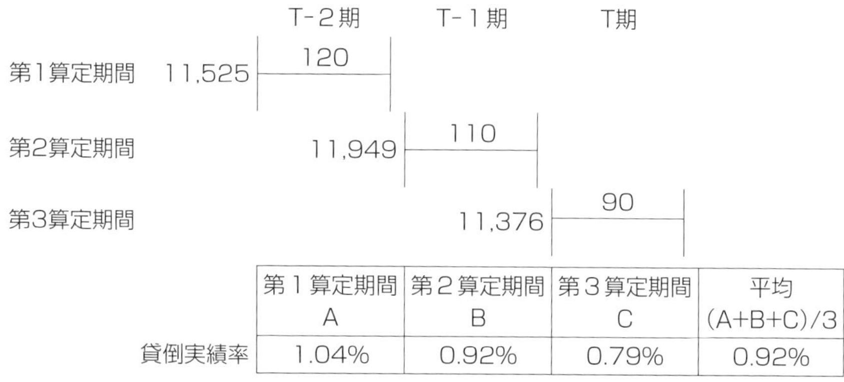

	第１算定期間 A	第２算定期間 B	第３算定期間 C	平均 (A+B+C)/3
貸倒実績率	1.04%	0.92%	0.79%	0.92%

また，例３は損失見込期間を平均残存期間（計算した結果を２年としています）とした事例です。算定期間の期首から平均残存期間である２年間の実績に基づいて算定します。当然のことですが，損失見込期間が１年から２年になるため，予想損失率も相対的に高くなります（例２では予想損失率が0.92%であるのに対して，例３では1.82%）。

例２および例３のいずれも正常先に対する貸倒引当金を例に説明していますが，正常先のポートフォリオの平均残存期間は通常１年よりも長いものと想定されるため，平均残存期間を採用した場合，予想損失率は高くなると考えられます。

例３　損失見込期間が平均残存期間の場合

1．前提条件

例２の前提条件に基づいてそれぞれの算定期間の期首から毀損額を集計すると，以下のとおりとなった。

算定期間	貸倒償却等毀損額	毀損集計期間
第1算定期間	210	T-３期～T-２期
第2算定期間	230	T-２期～T-１期
第3算定期間	200	T-１期～T期

2．計算例

		T-3期	T-2期	T-1期	T期
第1算定期間	11,715	110	100		
第2算定期間	11,525		100	130	
第3算定期間	11,949			200	90

	第1算定期間 A	第2算定期間 B	第3算定期間 C	
期首残高	11,715	11,525	11,949	
損失額	210	230	200	平均 (A+B+C)/3
貸倒実績率	1.79%	2.00%	1.67%	1.82%

(4) 要管理先の貸倒引当金

前述のとおり，要管理先についても，原則として平均残存期間に基づき予想損失額を見積ることとしていますが，当面，「1－3年基準」での運用が認められています（要管理先において「1－3年基準」の運用を行う場合には，**(1)**③に記載のとおり今後3年間の予想損失額を見積ることになります）。

Q3-24 個別貸倒引当金

個別貸倒引当金はどのように算定するのでしょうか。また，個別貸倒引当金算定における留意点はどのようなものがありますか。

Answer Point

- 個別貸倒引当金は破綻懸念先以下の債権に対する貸倒引当金をいい，原則として債務者ごとに計上します。
- 個別貸倒引当金算定に際して，破綻懸念先については3つの方法があり，そのうちⅢ分類の債権額に予想損失率を乗じる方法については，一般貸倒引当金の算定方法の留意点と同様です（DCF法についてはQ3-25にて解説します）。また，実質破綻先・破綻先のうちⅢ分類およびⅣ分類については回収不能と見込まれる額について直接減額が認められています（部分直接償却）。
- 劣後債権の貸倒引当金については，劣後性の特性を勘案した予想損失額を見積る必要があります。

(1) 破綻懸念先の個別貸倒引当金

破綻懸念先の個別貸倒引当金については，原則として債務者ごとに，合理的と認められる今後の一定期間における予想損失額を見積り，それに相当する金額を貸倒引当金として計上することになります。

なお，破綻懸念先に対する予想損失額の算定方法としては次の例が挙げられます。

図表3-24　破綻懸念先に対する予想損失額の算定方法

1. Ⅲ分類とされた債権額に予想損失率を乗じた額を予想損失額とする方法
2. 売却可能な市場を有する債権について，合理的に算定された当該債権の売却可能額を回収見込額とし，債権額から回収見込額を控除した残額を予想損失額とする方法
3. DCF法

(2) 実質破綻先・破綻先の個別貸倒引当金

実質破綻先・破綻先の個別貸倒引当金については，個別債務者ごとにⅢ分類およびⅣ分類とされた債権額全額を予想損失額とします。そして，見積った予想損失額に相当する金額を貸倒引当金として計上するか，または債権額から直接減額（直接償却）します。

(3) 部分直接償却

実質破綻先・破綻先に係るⅢ分類およびⅣ分類に相当する部分については，金融商品実務指針第123項に従い，回収可能性がほとんどないと見込まれる額を対応する債権額から直接減額（直接償却）することが可能であり，実務上はⅣ分類額を対象として行われることもあります。この結果，債権額が一部残存する場合には，これを部分直接償却といいます。なお，債権額から回収不能見込額を直接減額した後に，残存する帳簿価額を上回る回収があった場合には，償却債権取立益（その他経常収益）を計上することになります（金融商品実務指針第124項）。

この部分直接償却による方法を採用した場合には，不良債権の開示に関して，その公表数字の圧縮を図ることが可能となります（すでに回収不能として100%引当済みの債権を償却せずに開示することがかえって財務諸表の読み手に誤解を与えるとの考え方もあるためです）。また，この場合，以下の点で留意が必要となります。

- 財務諸表の重要な会計方針に「取立不能見込額として債権額から直接減額している」旨およびその金額を注記すること

• いわゆる有税部分を含む直接償却であるため，税務上の無税化処理の観点から，会計上の残高と税務上の残高の二重管理が求められること

部分直接償却を行った場合と行わなかった場合の不良債権の開示を比較すると 例１ のようになります。

例１　部分直接償却による不良債権の開示上の効果

１．前提条件

A銀行のT期決算における自己査定結果（貸出金のみ）は，以下のとおりとなった。

債務者区分	非分類	Ⅱ分類	Ⅲ分類	Ⅳ分類	合計
正常先	800,000				800,000
要注意先※	100,000	230,000			330,000
破綻懸念先	20,000	14,000	18,000		52,000
実質破綻先	4,000	3,600	800	9,000	17,400
破綻先	1,000	1,800	1,000	5,000	8,800
合計	925,000	249,400	19,800	14,000	1,208,200

※貸出条件緩和債権50,000および３カ月以上延滞債権20,000が含まれている。

２．解　説

部分直接償却を行っている場合と行っていない場合をリスク管理債権に基づく開示により比較すると下記のとおりとなります。つまり，部分直接償却を採用した方が開示上，不良債権が圧縮され，不良債権比率が減少することがわかります。なお，ここではⅣ分類について部分直接償却しているものとします。

（部分直接償却を不採用）

T期貸借対照表

貸出金…A	1,208,200

破綻先債権額8,800
延滞債権額69,400
３カ月以上延滞債権額20,000
貸出条件緩和債権50,000
合計　148,200…B
不良債権比率（B/A）：12.26%

（部分直接償却を採用）

T期貸借対照表

貸出金…C	1,194,200

破綻先債権額3,800
延滞債権額60,400
３カ月以上延滞債権額20,000
貸出条件緩和債権50,000
合計　134,200…D
不良債権比率（D/C）：11.23%

(4) 劣後債権等に係る貸倒引当金

劣後債権等，内容が特殊なものは，特定の条件下において通常の債権を上回る高い信用リスクが生じるため，劣後債権の債務者の財政状態および経営成績にかかわらず，その発生し得る損失見積額に基づいて貸倒引当金を見積ることになります（金融商品実務指針第118項）。

Q3-25 キャッシュ・フロー見積法（DCF法）

キャッシュ・フロー見積法（DCF法）とはどのように計算する方法でしょうか。また，DCF法適用における留意点にはどのようなものがありますか。

Answer Point

- キャッシュ・フロー見積法（以下，「DCF法」という）とは，債権の将来キャッシュ・フロー（以下，「将来CF」という）に着目して貸倒引当金の見積りを行う方法です。具体的には，債権の元本の回収および利息の受取りに係る将来CFを当初の約定利子率で割り引いた現在価値の総額と債権の帳簿価額との差額を予想損失額として貸倒引当金を計上します。
- 将来CFを見積るには，不確実性が伴いますので，見積可能期間，見積金額および見積可能期間後の残債の評価額等の判断について留意が必要となります。

(1) DCF法とは

DCF法は，債権の元本の回収および利息の受取りに係る将来CFを当初の約定利子率で割り引いた現在価値の総額（回収可能額）と債権の帳簿価額との差額を予想損失額として貸倒引当金を計上する方法です。

計算方法の概要は，次頁の**図表３－25**のとおりとなります。

図表3-25　DCF法の式

• 貸倒引当金＝債権の帳簿価額－回収可能価額 • 回収可能価額＝見積可能期間内の将来CF（注1）÷割引率（注2）

（注１）将来CFの見積りに対して必要な調整を行い，将来の不確実性を反映させる必要があります。具体的には，将来CFの減額，将来CFの見積期間の短縮，複数シナリオの設定，各シナリオの発生確率はシナリオの内容自体について不確実性の度合いを合理的かつ客観的な証拠に基づき反映させること等を検討する必要があります。

（注２）割引率とは，当該債権の発生当初の約定利率または取得当初の実効利子率を使用することになります。

(2) 計算対象

「銀行等金融機関の資産の自己査定並びに貸倒引当金の監査に関する実務指針（銀行等監査特別委員会報告第４号）」によると，要注意先および破綻懸念先のうち合理的に将来CFを見積ることのできる債権についてDCF法を適用することができます。また，DCF法の適用にあたっては実務的な制約等を考慮し一定金額以上の債権等に限定することも考えられます。

(3) DCF法の留意点

①　将来CFの見積可能期間および将来CFの調整

要注意先にDCF法を適用する場合には，合理的で十分に達成可能である再建計画等は５年を目処に策定されると考えられるため，見積可能期間は５年が目安となります（「銀行等金融機関において貸倒引当金の計上方法としてキャッシュ・フロー見積法（DCF）が採用されている場合の監査上の留意事項」（以下，「DCF法監査指針」という））。

また，将来CFの見積りは不確実性を伴いますので，将来CFの見積りに「必要な調整」を行うことが必要です。たとえば，再建計画に基づく将来CFを実績に基づいて減額する場合や担保の回収にあたってその担保価格の下落率を考慮する場合等が考えられます。

なお，破綻懸念先にDCF法を適用する場合の見積可能期間の判断にあたっては，経営破綻に陥る可能性が高いことに鑑み，再建計画等に基づき将来CFを合理的に見積ることが可能な場合には５年程度，それ以外の場合には３年程度が見積可能期間の目安となります。ただし，再建計画等に基づき見積可能期間を５年程度とする場合ですが，再建計画等を策定している破綻懸念先はいわゆる合実計画（旧「金融検査マニュアル」において，合理的であり，かつその実現可能性が高い再建計画等のことであり，一定の要件が満たされれば要注意先として判断して差し支えないこととなっています）の要件を満たしていないものと考えられるため，当該再建計画等に基づき５年程度としてよいか否かについては慎重に判断する必要があると考えられます。

②　見積可能期間後の残債評価

見積可能期間後の残債に係る将来CFについては，見積可能期間終了時点における債務者区分の信用リスクおよび債務者に影響する諸般の事情を勘案し将来CFを見積ることになります。また，見積可能期間内における将来CFの見積りに比して，相対的に残債の評価は債権の回収可能額に与える影響が大きいため，慎重な判断が必要です。

③　DCF法を適用している債務者の債務者区分がランクアップした場合の取扱い

旧「金融検査マニュアル」では，DCF法を適用している債務者について，再建計画等の進捗状況が良好であり，その他要注意先にランクアップした場合であっても，当該再建計画等の期間内は，DCF法を適用することとされていました。

(4) 具体的な計算方法

DCF法監査指針において例示されている設例のモデルでは，「基礎となるシナリオを設定し，そこからのデフォルトを設定した場合」の方法と「複数のシナリオごとの発生確率をそれぞれ見積る」方法の２つの方法を示しています。

両方ともに発生確率を使用するため，どのように発生確率を見積るかを検討する必要があります（詳細は例１にて説明しています）。また，デフォルトの定義ですが，要注意先に対するDCF法であれば，発生確率におけるデフォルトの定義は破綻懸念先以下へのランクダウンとなり，破綻懸念先に対するDCF法であれば，実質破綻先以下へのランクダウンとなります。

以下の例において，要注意先（要管理先）に対するDCF法による貸倒引当金の計算を説明します。

例 1　DCF法による貸倒引当金の計算

1．前提条件

銀行Aは以下の債務者B（大企業）に対して融資をしており，当期末の自己査定において要管理先と判定されたため，当行の償却・引当マニュアルに準拠して当期末よりDCF法を適用することとした。

①　債務者の概況

融資額	10,000万円（融資シェア90%）
保全状況	保全率20%（不動産担保※）
債務者区	要管理先

※ここ数年，担保評価額は安定している

②　経営改善計画

債務者B（大企業）は経営改善計画を策定しているものの，合実計画の要件は満たしているが，実抜計画としての要件は満たしていないため，要管理先となっている。また，この計画では計画終了時の債務者区分は要注意先（自助努力により事業継続可能な状態）となることが想定されている。なお，年間の元本返済実績は350である。

[計画上のCF]

	1期	2期	3期	4期	5期
CF	400	400	500	500	650

③　その他の条件

- 銀行Aの当期末のその他要注意先の予想損失率は6.00%である。
- 過去の実績から破綻時の非保全部分からの回収率は25%であり，年率のデフォルト率は10%である。
- DCF法の計算にあたっての基礎情報は以下のとおりである。

前提条件	
契約元本	10,000
担保評価額	2,000
非保全部分	8,000
当初約定金利（加重平均）	2.50%
緩和後約定金利	1.00%
年率のデフォルト率	10%
デフォルト時の非保全部分からの回収率	25%

約定スケジュール		1期	2期	3期	4期	5期	残債	計算根拠
返済計画	元本	360	360	450	450	585	7,795	計画上のCF×融資シェア
	利息	100	96	92	88	83		元本×緩和後約定金利
当初約定利子率に基づく現在価値係数$(1+2.50\%)^{n期}$		1.025	1.051	1.077	1.104	1.131	1.131	当初約定金利2.50%

2．算定結果

		1期	2期	3期	4期	5期	残債		計算根拠
元利払いのCF（生存シナリオ）	元本	350	350	350	350	350	8,250	a	返済実績より
	利息	100	96	93	89	86			返済実績より
	残債のCF						7,755		a×（1－予想損失率6%）
	計	450	446	443	439	436	7,755	b	
	発生確率	90.00%	81.00%	72.90%	65.61%	59.05%	53.14%	c	各期の生存確率
	発生確率考慮後の元金払いの場合のCF	405	361	323	288	257	4,121	d	d＝b＊c
デフォルト後のCF（破綻シナリオ）	非保全からの回収	2,000	1,913	1,825	1,738	1,650	1,563		非保全回収率25%
	担保処分	2,000	2,000	2,000	2,000	2,000	2,000		担保評価額2,000より
	計	4,000	3,913	3,825	3,738	3,650	3,563	e	
	発生確率	10.00%	9.00%	8.10%	7.29%	6.56%	5.90%	f	各期の破綻確率
	発生確率考慮後のデフォルトの場合のCF	400	352	310	272	239	210	g	g＝e＊f
CFの合計		805	713	633	560	497	4,332	h	h＝d＋g
当初約定利子に基づく現在価値係数		1.025	1.051	1.077	1.104	1.131	1.131	i	約定スケジュールより
回収CFの現在価値		785	679	588	508	439	3,829	j	j＝h/i

	1期	2期	3期	4期	5期	残債		計算根拠
現在価値						6,828		

債権評価額		6,828	K	債権評価額
貸倒引当金	l＝契約元本10,000－k	3,172	l	貸倒引当金
貸倒引当率	m＝l÷契約元本10,000	31.725%	m	引当率

3．補足説明

- 2.算定結果における生存シナリオの元本のCFについては，返済計画（計画上のCF×融資シェア）と年間元本返済実績額350を比較し，年間元本返済実績額350の方が小さいため，350としています。
- 経営改善計画の出口シナリオがその他要注意先であるため，これに基づき「1－その他要注意先の予想損失率6％」を乗じて残債評価を行っています。

【参考：生存シナリオ・破綻シナリオの発生確率の算定の考え方】

上記の前提条件に「年率のデフォルト率は10％」という記載がありますが，これは以下の計算過程で計算しています（これは，年率のデフォルト率が毎期同様に発生することを仮定した計算方法です）。

計算の過程を説明すると，1期は100％（見積時点の生存確率）のうち，10％（100％×デフォルト率10％）が破綻することになり，残りの90％が生存することになります。そして2期は生存した90％のうち，9％（90％×デフォルト率10％）が破綻し，残りの81％が生存することになります（3期目以降同様）。このような考え方で計算すると次のような計算結果となります。

年率のデフォルト率 10%

	見積時点	1期	2期	3期	4期	5期
		見積可能期間				
生存	100.00%	90.00%	81.00%	72.90%	65.61%	59.05%
破綻		10.00%	9.00%	8.10%	7.29%	6.56%

（生存の各期間の矢印に（注2），破綻への矢印に（注1））

（注1） 直前期の生存確率にデフォルト確率（10％）を乗じます。
（注2） 直前期の生存確率－（注1）

Q3-26 金融検査マニュアル廃止の影響(その１)

金融庁は2019年12月に金融検査マニュアルを廃止しましたが，自己査定や償却・引当の実務には影響があるのでしょうか。

Answer Point

- 債権の評価については会計基準や実務指針が存在しており，これらに沿った会計処理が求められていることから，金融検査マニュアルの廃止は現行の会計および監査の枠組みには何ら変更をもたらすものではありません。
- 償却・引当と開示の観点から，金融検査マニュアルの廃止により債務者区分が不要になるということはありません。
- 債権分類についてはや会計基準や実務指針に定めはないものの，多くの金融機関の自己査定基準には定めがあるため，当面は実施されていくものと考えられます。

(1) 金融検査マニュアル廃止後の会計および監査の枠組み

金融検査マニュアルは，検査官の手引きとして策定されたものですが，これに沿って金融機関の自己査定基準や償却・引当基準が策定され，金融当局による検査もこれに基づいて行われてきたため，金融機関の実務に大きな影響を与えてきました。

ただし，債権の評価については企業会計基準委員会が公表する金融商品会計基準と日本公認会計士協会が公表する銀行等監査特別委員会報告第４号「銀行等金融機関の資産の自己査定並びに貸倒償却及び貸倒引当金の監査に関する実務指針」(以下,「実務指針第４号」という) が存在しており，これらに沿った会計処理が求められており，金融検査マニュアルの廃止は現行の会計および監査の枠組みには何ら変更をもたらすものではありません。

よって，金融検査マニュアルが廃止されたからという理由で，これらの会計基準等に反した会計処理が容認されるわけではないことに留意する必要があります。

(2) 債務者区分

金融検査マニュアルにおいては信用格付に基づいて債務者区分を決定し，その結果に基づいて償却・引当を行うことになっていました。この建付は実務指針第4号も同様であり，金融商品会計基準に則したものとなっています。さらに，「金融機能の再生のための緊急措置に関する法律」に定められた開示債権の区分は，債務者区分に基づいて規定されています。このため，償却・引当と開示の観点から，金融検査マニュアルの廃止により債務者区分が不要になるということはありません。

(3) 債権分類

金融検査マニュアルに定められていた債権分類（Ⅰ～Ⅳ分類）については実務指針第4号や金融商品会計基準に定めはありません。ただし，多くの金融機関の自己査定基準には定めがあるため，当面は実施されていくものと考えられます。

Q3-27 金融検査マニュアル廃止の影響(その2)

金融検査マニュアルの廃止を受けて今後の金融検査を受ける際に留意しておくことはありますか。

Answer Point

- 金融庁は，令和元年12月に金融検査マニュアルを廃止するとともに，廃止後の融資に関する検査・監督の考え方と進め方について，ディスカッションペーパー（DP）を公表しました。
- DPは金融検査マニュアルのもとで定着した従来の引当実務（廃止前の実務については別紙という形で示されています）が否定されないことを断りつつ，各金融機関の創意工夫に基づいて，足元や将来の情報に基づき，より的確な引当と早期の支援を可能にすることを企図している旨が示されています。

(1) DPが志向する今後の検査・監督に関する基本的な考え方

金融庁は，令和元年12月18日に金融検査マニュアルを廃止するとともに，ディスカッションペーパー「検査マニュアル廃止後の融資に関する検査・監督の考え方と進め方」（以下,「DP」という，https://www.fsa.go.jp/news/r1/yuushidp/yushidp_final.pdf）を公表しました。

金融庁は，金融検査マニュアルの硬直的な運用が，実態バランスシートベースの債務者区分判定と過去実績や財務データ等を重視し，金融機関による自己査定や償却・引当の検討プロセスの細目を指摘する検査の風潮を助長してきたと考え，また，そのような風潮に対して，金融機関は担保・保証へ過度に依存した融資方針の傾向を強め，その結果として貸出先の事業に対する目利き力の低下といった影響を及ぼしたと分析しています。

このような問題意識を踏まえ，金融庁は，償却・引当を含む融資全般に関する今後の検査・監督の進め方として，各金融機関の置かれた経営環境を背景に，経営理念から出発する融資ビジネスに係る一連のプロセスについて，将来を見据えたビジネスモデルの持続可能性の観点から対話を行っていく方向性を打ち出しています。

銀行等金融機関は，人口減少・高齢化の進展，超低金利環境の長期化等に起因する厳しい経営環境に置かれており，従来と同じ前提で預貸業務の収益性を改善していくことは極めて困難な情勢にあります。したがって，金融庁は，DPに基づく銀行等金融機関の融資に関する検査・監督の進め方を整理した図**表3-27-1**の左サイドに示されているとおり，各金融機関が，経営理念にまで遡って融資ビジネスに係る経営戦略，融資方針，内部管理態勢，リスク管理，融資実務，引当，経営資源の配分について再点検するよう求めています。

また，近年は超低金利環境の長期化や銀行等金融機関の与信コストが低位で推移してきた環境下にあって，金融庁は，クレジット循環の局面変化も視野に入れた場合，将来的に信用状態が大きく悪化する潜在リスクにも対応できるよう，上記のプロセスの中で，多様化・複雑化する融資ポートフォリオに内在する不確実性要因に関し，これまで以上に信用リスク情報を活用することで適時適切なリスクの特定および評価を促しているものと解されます。

図表3-27-1　融資に関する検査・監督の進め方

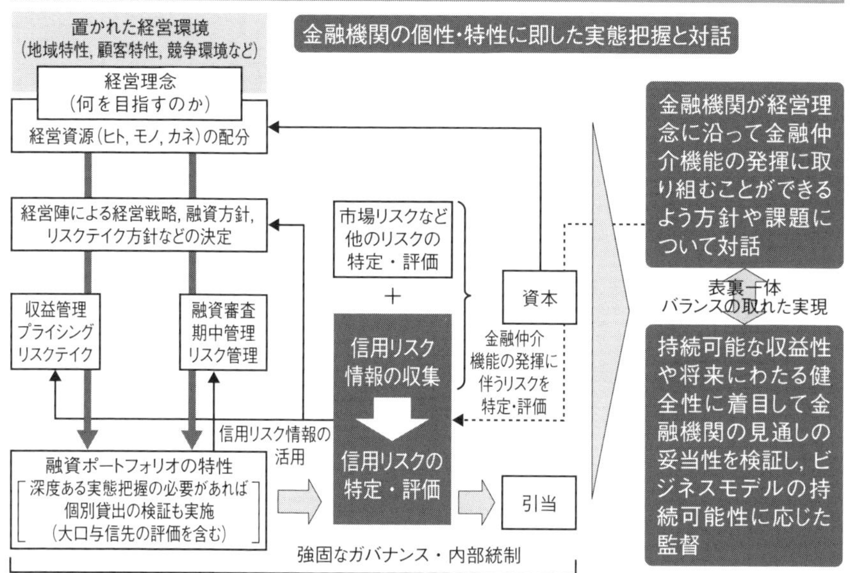

(2) 償却・引当に関する検討上の留意点

①　基本的な留意点

各金融機関の置かれた経営環境を背景に，将来を見据えたビジネスモデルの持続可能性の観点から対話を行う旨が示されています。対話を行う際には，（ア）自社の経営環境と経営理念に基づく経営戦略･融資方針を再点検し，（イ）決定した融資方針を実行に移す上で，信用リスク情報を蓄積・活用することで適時適切なリスクの特定および評価を行えるリスク管理態勢を構築し，（ウ）蓄積した信用リスク情報のうち財務報告プロセスに利用可能である合理的で裏づけ可能なものを引当に反映するというように，上記（ア）から（ウ）の融資ビジネスに係る一連のフローが整合的に評価された結果として適切な将来の信用損失が見積られることが最も重要であり，経営陣の将来に向けた経営ビジョンのもとで営業所管部，リスク管理所管部および経理担当部署が連携して組織横断的に取り組むべき経営課題であると考えます。

② 一般貸倒引当金に関する留意点

DPが一般貸倒引当金に関して言及しているポイントとしては，(a) 信用リスク情報の引当への反映に関する考え方，(b) 集合的に見積ることが適切な債権に関する考え方，(c) 個社に帰属しない足元や将来の情報の引当への反映の例，(d) 大口与信先債権についての考え方の４項目があります。ここでは(a)信用リスク情報の引当への反映に関する考え方について解説します。

金融庁は，引当に反映する信用リスク情報を，**図表3-27-2**に示すとおり，時系列の観点から「過去実績」「足元の情報」「将来の情報」に大別し，さらに「個社の定量情報」と「個社の定性情報」を区分して整理しています。このうち，一般的に過去実績と個社の定量情報および定性情報については，主に債務者区分の判定を通じて引当実務にも反映されてきましたが，上記 (2) ①でも述べたように，過去実績や財務データを重視した見積り方法では，信用リスクに重大な変化が生じた場合に，その影響を引当へ機動的に反映することが難しいことから，足元の情報やフォワードルッキングな観点に基づく将来の情報を見積りに反映できるよう各金融機関に創意工夫を促しています。

図表3-27-2　信用リスク情報の引当への反映について

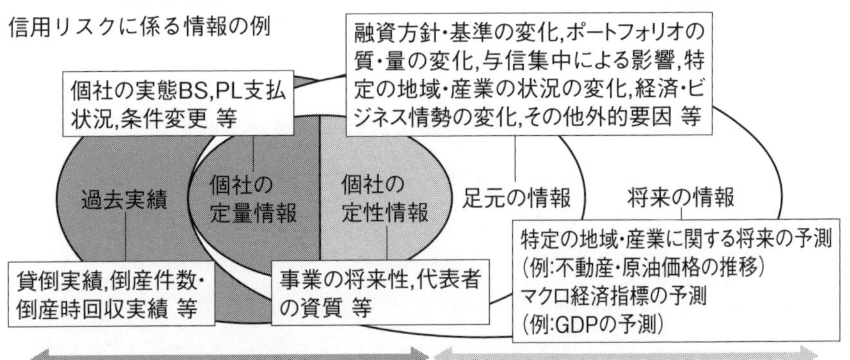

（出所：DP案（18頁）に掲載されている図をもとに筆者編集）

ただし，必要な場合には将来の情報を反映すべき点については，従来から金融検査マニュアルおよび実務指針第４号において必要な場合には将来の情報を反映するよう要請されていますので，DPによって新規に要請されたということではありません。ただし，情報を反映するという実務が広く定着しているという状況ではなく，金融検査マニュアルの廃止とDPの公表により，金融当局のスタンスが明確になったことから実務的な検討が進められているところです。

なお，この結果，銀行ごとに多様な償却・引当方法が採用され，そこには主観的な判断や恣意的な偏向が介入するリスクが存在することから，DPでは将来の情報を適切に反映する際の留意点として，（ア）内外の検証可能性，（イ）見積りプロセスの公正性（ガバナンス等），（ウ）財務諸表利用者にとっての比較可能性（開示の充実）の３点が挙げられています。

Q3-28 偶発損失引当金

偶発損失引当金はどのような場合に計上されるのでしょうか。特に信用保証協会保証付きの融資を対象とした責任共有制度負担金に関する偶発損失引当金をどのように計上すればよいのでしょうか。

Answer Point

- 偶発損失引当金とは，将来の一定の事由を条件として銀行の負担となる可能性のある偶発債務に対する引当金です。
- 他の引当金と同様，引当金計上の4要件を満たす場合に計上されます。
- 信用保証協会保証付きの融資を対象とした責任共有制度負担金に関して，負担金方式を採用する場合にも，偶発損失引当金を計上することがあります。

(1) 偶発損失引当金の種類

偶発損失引当金とは，将来の一定の事由を条件として銀行の負担となる可能性のある偶発債務に対する引当金です。睡眠預金払戻損失引当金，利息返還損失引当金，ポイント引当金，係争事件に係る訴訟損失引当金などがあります。また，信用保証協会の保証付き融資を対象にした責任共有制度負担金について負担金方式を採用した場合も，偶発損失引当金を計上する場合があります。

(2) 責任共有制度とその見積方法

責任共有制度は，信用保証協会と金融機関が適切な責任共有を図ることにより，両者が連携して，中小企業･小規模事業者の事業意欲等を継続的に把握し，融資実行およびその後における経営支援や再生支援といった中小企業・小規模事業者に対する適切な支援を行うことを目的としています（全国信用保証協会連合会ホームページ「信用保証制度を支えるしくみ」，https://www.zenshinhoren.or.jp/guarantee-system/hokan/）。

代位弁済発生時には銀行も費用を負担することになりますが，その費用負担の方法として「負担金方式」，「部分保証方式(※)」があります。金融機関が「負担金方式」を選択した場合には，保証時点では100％保証ですが，代位弁済状況に応じて，金融機関は信用保証協会に対し負担金を支払うため，貸倒引当金あるいは偶発損失引当金を計上する必要があります。

(※)「部分保証方式」における非保証部分に引当金の取扱いについては，債務者区分に基づき個別引当を行うことになります。

具体的な見積方法として，全銀協通達において，以下の２つの方法が示されています。

① 対象債権を一般債権から区分せず代位弁済の実績を一般貸倒引当金の貸倒実績率または倒産確率・倒産時ロス率に含め，一般貸倒引当金を計上する方法
② 対象債権を区分管理し100％保証債権の偶発損失に対する引当として引当金を計上する方法

(3) 引当金の計上要件

引当金の計上について，信用保証協会に対する責任共有制度負担金に関する事例を，引当金計上の４要件（企業会計原則注解〔注18〕）に当てはめてみます。考え方は他の引当金も同様です。

① 将来の特定の費用または損失であること

将来見込まれる負担としては，責任共有制度を利用した融資が代位弁済されることによる費用を銀行が将来負担することになり，これは将来の特定の費用ですので，当該要件に該当します。

② その発生が当期以前の事象に起因していること

当期以前に信用保証協会の保証付き融資を実行したことに起因し，その後に代位弁済による費用が発生し，その負担金を保証協会に支払うため，当該要件に該当します。

③ 発生の可能性が高いこと

信用保証協会の保証付き融資を実行し，代位弁済の発生可能性が高い場合には，当該要件に該当します。

④ その金額を合理的に見積ることができること

過去の信用保証協会の保証付き融資の代位弁済実績等を踏まえ，対象債権に対する代位弁済の実積率を合理的に見積ることができるのであれば，当該要件に該当します。

(4) 引当金の計上要件を満たさない場合

引当金の計上要件を満たさない場合，重要性が乏しい場合を除き，偶発債務として注記することとなります。

Q3-29 コミットメントライン契約等

コミットメントライン契約等とはどのようなものですか。また，引当金を計上する必要はありますか。

Answer Point

- コミットメントライン契約等は，融資の枠を設定し，その枠の限度まで貸付けを行うことを約する契約です。
- コミットメントライン契約等は枠の設定にすぎませんので，貸借対照表には計上されませんが，設定枠のうち未実行残高について注記を行います。
- コミットメントラインについては，必要に応じて損失見込額を引当計上することとなります。

解説

(1) コミットメントライン契約等の概要

銀行が顧客と合意した一定の限度まで現金を貸し付けることを約する契約には，当座貸越契約やコミットメントライン契約があります。また，当座貸越契約に準ずる契約として，信販会社，クレジット会社，消費者金融会社などにおけるカードローンやクレジットカードに附帯するキャッシングがあります。

コミットメントライン契約には，引出の頻度と契約方式においてそれぞれ種類があります。**図表3-29**にまとめています。

なお，コミットメントライン契約は，貸出コミットメントの売買市場が形成されている諸外国では，デリバティブ取引とされている一方で，わが国では貸出コミットメントの売買市場が形成されておらず，金融商品実務指針第６項(3)のデリバティブの３要件の１つである純額決済の要件を満たさないと考えられ

図表3-29　貸出コミットメントの種類

引出の頻度	契約方式
•コミットメントライン 非常時のみの引出を想定 •リボルビング 常時資金引出を前提（より一般的）	•バイラテラル方式 銀行と顧客が相対で契約を締結 •シンジケーション方式 複数の金融機関と１つの契約を締結

ていることから，デリバティブとしてコミットメントライン契約時価を貸借対照表に計上するような会計処理は求められていません。

(2) 注　記

これらの契約について，その旨および極度額または貸出コミットメントの額から借手の実行残高を差し引いた額を注記することが，金融商品実務指針第139項により定められています。またこれに加えて，未実行残高の金額のうち，原契約期間が１年以内のものまたは任意の時期に無条件で取消可能なものの金額を注記している場合もあります。自己資本比率の算出におけるリスクアセット計算上，コミットメントに対しては，無条件でいつでも取消可能なもの，原契約期間が１年以下のもの，原契約期間が１年超のものでそれぞれ掛け目が０%，20%，50%と異なることを背景としているものです。なお，掛け目については，2023年3月期より，無条件でいつでも取消可能なものは10%，それ以外は40%に変更される予定です。

なお，注記には，契約上原則として無条件で取消可能なCPバックアップライン等や，次回の融資実行日が決まっている分割実行の未実行残高も含まれます。

ただし，当該注記金額の全体について銀行に支払義務が生じるものではないことについて，財務諸表の読者の誤解を招かないように，実際には融資の実行がなされるのは注記金額の一部であること，一定の事由が生じた場合には，銀行が融資実行の申込みを拒絶または契約極度額の減額をすることができる旨の条項が付されていることなどの定性情報を併せて記載することが一般的です。

(3) 引当金の計上

金融商品会計基準，金融商品実務指針では，コミットメントラインに対する引当金の計上について定められていませんので，企業会計原則に則り引当金計上の４要件を踏まえ，未実行残高の重要性や信用リスクの程度等を勘案し，必要に応じて損失見込額を引当計上することとなります。実際に引当金を計上する場合には，たとえば未実行残高にドローダウン確率を乗じた上で信用リスクに応じた実績率を乗じる方法などが考えられます。ただし，コミットメントライン契約には，コベナンツ条項などが付されており，財政状況が悪化した場合などには契約が解除となるような付随条項が付されていることも多いため，未実行残高に対する実質的な信用リスクは一定程度に抑えられているケースも考えられます。

(4) コミットメントライン契約等の時価

金融商品の時価等の開示に際しては，金融商品実務指針第139項で求められている注記額が資産の総額に対して重要な割合を占め，かつ，契約で示された固定利率で実行される際の時価に重要性がある場合には，その時価を注記することが適当であるとされています。

時価を算定するにあたり，契約期間，極度額または貸出コミットメントの額から借手の実行残高を差し引いた額（未使用枠）の実行可能性，金利，借手の信用リスク，実行する貸出金の条件などを基礎としてシミュレーションモデルを用いた期待値推計を行う方法などが考えられますが，算定に必要な情報を入手することが現実的でない場合も想定されます。

業種別研究報告書第13号Ｑ４－１では，そのような場合には，契約上のコミットメント・フィーの将来キャッシュ・フローと同様の新規契約を実行した場合に想定される将来コミットメント・フィー等のキャッシュ・フローとの差額を割り引いて現在価値を算定する方法により算定することも考えられるとされていますが，これはコミットメント・フィー等を決定するにあたり，取引先の信用リスク，金利リスク等が市場参加者の観点から適切に反映されており，算定日の出口価格を表すことができると判断されることが条件とされており，留意が必要です。

Q3-30 決算日後における債務者の信用状態の悪化

決算日後に債務者の信用状態が悪化した場合，すでに計上している貸倒引当金にどのような対応が必要でしょうか。

Answer Point

- 決算日後における債務者の信用状態の悪化の実質的な原因が決算日現在において存在していた場合，貸出債権全体としては十分な貸倒引当金が計上されているかを検討する必要があります。
- 貸出債権全体としては十分な貸倒引当金が計上されているかを検討する上で，決算日後における債務者の信用状態の悪化を考慮しても，決算時に貸倒引当金の計上にあたって予想した将来見込みの予想の範囲にほぼ収まっていると合理的に見込まれるか否かがポイントとなります。
- すでに計上している貸倒引当金の十分性を合理的に見込めない場合，一定の補正が必要となります。

(1) 実質的な原因の発生時点等に基づく対応の検討

決算日後に債務者の信用状態が悪化した場合，一般的には後発事象の実質的な原因は決算日現在において存在していたとして，修正後発事象（発生した事象の実質的な原因が決算日現在においてすでに存在しているため，財務諸表の修正を行う必要がある事象）として取り扱われます。しかし，日常的な金銭債権の回収不能の発生が不可避であり，それを前提とした業務を行っている銀行等金融機関においては，このような債権の回収不能の発生が貸倒引当金の計上にあたって予想した将来見込みの予想の範囲にほぼ収まっていると合理的に見込まれる場合など，貸出債権全体としては十分な貸倒引当金が計上されていると認められる場合もあると考えられます。この場合には，すでに計上している貸倒引当金に対して特段の対応は不要となります（銀行等監査特別委員会報告第4号Ⅱ２）。

一方，決算日後の突発的事象により債務者の信用状態が悪化した場合には，実質的な原因は決算日現在には存在しないため，開示後発事象（発生した事象が翌事業年度以降の財務諸表に影響を及ぼすため，財務諸表に注記を行う必要がある事象）として取り扱われることになります。具体的には火災等の発生による重大な損害の発生や不祥事等に起因する信用失墜に伴う重大な損失の発生等による信用状態の悪化が該当する可能性があります。

図表3-30　銀行等金融機関におけるフロー

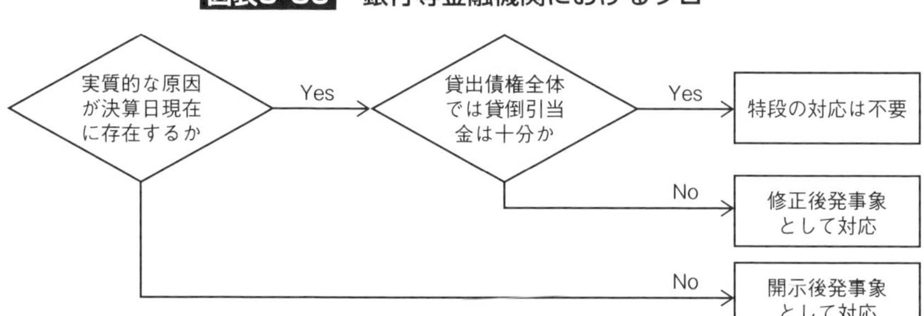

(2) 貸出債権全体としての貸倒引当金の十分性の検討

決算日後の債務者の信用状態の悪化に伴い発生した債権の回収不能見込額が決算時に貸倒引当金の計上にあたって想定した将来見込みの予想の範囲にほぼ収まっているか否かを検討するにあたっては，単に貸倒引当金の既計上額と比較するだけでなく，貸倒引当金の計上に関する銀行等金融機関の方針，金額の算定方法（貸倒引当金の計上における一定期間の考え方を含む）や貸倒引当金の金額，発生した回収不能見込額等のそれぞれが予想の範囲にほぼ収まっているか否かを総合的に勘案する必要があります（銀行等監査特別委員会報告第４号Ⅱ２）。

この比較については，一般貸倒引当金と決算日後の損失額を比較する方法や決算時点に想定した貸倒実績率または倒産確率と決算日後の貸倒実績率または倒産確率を比較する方法が考えられます。

また，比較を行うには，貸倒引当金算定上の損失見込期間と実績の集計期間を整合させることが必要となります。一般的に，正常先債権およびその他の要注意先債権には今後１年間の予想損失額に基づく貸倒引当金が計上され，要注意先債権のうち要管理先債権については今後３年間の予想損失額に基づく貸倒引当金が計上されています。したがって，正常先債権およびその他の要注意先債権の場合は発生した損失を１年換算，要管理先債権については３年換算することが合理的と考えられます。

ここでは過去の毀損発生状況等を加味することで，より実態に即した合理的な分析が可能となります。つまり，毀損が年間を通じて平均的に発生するような状況であれば，単純な換算（たとえば決算日後１カ月間の貸倒実績率を１年換算するために12倍するなど）をすることで足りますが，時の経過とともに毀損の発生状況が変動する場合には，その変動を踏まえた換算をすることが合理的と考えられます。なお，どの程度の精緻な分析を行うかは決算日後に発生した毀損の重要性により異なりますが，重要性を考えるにあたっては個別債務者ごとに判断するのではなく，損失累計で考える必要があります。

なお，たとえば，破綻懸念先が破綻先になった場合など，個別貸倒引当金設定対象の債務者の信用状態が悪化した際には，個別貸倒引当金自体は決算時の将来見込みに即してすでに個別に計上しているため，決算日後の追加的に発生した回収不能見込額部分について，修正後発事象として取り扱うのが原則と考えられます。ただし，多数の少額債権からなる破綻懸念先債権に対して一般貸倒引当金と同様に貸倒引当金を算定している場合には一般貸倒引当金と同様に発生した損失が将来見込みの予想の範囲にほぼ収まっているか否かの検討を行うことも考えられます。

例１

１．前提条件

① 毀損は時の経過とともに期間を通じて発生。

② 正常先債権は今後１年間の予想損失額を，要管理先債権は今後３年間の

予想損失額を貸倒引当金として計上する方針。

２．正常先債権のケース

決算時の貸倒実績率	決算日後１カ月の貸倒実績率		１年換算率
1.2%	0.1%	×12	1.2%

３．要管理先債権のケース

決算時の貸倒実績率	決算日後１カ月の貸倒実績率		３年換算率
1.2%	0.1%	×36	3.6%

例１の場合，正常先債権については，貸出債権全体としては貸倒引当金は十分な水準であると考えられますが，要管理先債権については十分な水準にはないと考えられます。

(3) 補正が必要な場合の対応

貸出債権全体としての貸倒引当金が十分な水準にはないと判断された場合，すでに計上している貸倒引当金に一定の補正をすることになります。

具体的な補正方法として，たとえば当該債務者について個別貸倒引当金を計上するとともに，その債務者が決算時点で属していた債務者区分の貸倒実績率または倒産確率に当該毀損実績を加味することが考えられます。また，決算日後の毀損の発生状況から，経済状況そのものの悪化等の兆候がある場合には，決算時に貸倒引当金を算定する際と同様に，修正後の貸倒実績率または倒産確率が予想損失率として適切なのかという観点からも検討が必要となります。

Q3-31 ベンチャー投資先の連結範囲

ベンチャー投資先における子会社および関連会社の範囲の決定に関する例外規定である，いわゆるベンチャーキャピタル条項とは何でしょうか。また，当該条項を適用する際の留意事項にはどのようなものがありますか。

Answer Point

- いわゆるベンチャーキャピタル条項（以下，「VC条項」という）とは，企業会計基準適用指針第22号「連結財務諸表における子会社及び関連会社の範囲の決定に関する適用指針」（以下，「適用指針第22号」という）第16項⑷の4要件を満たした会社等について，子会社に該当しないとする条項です。関連会社についても，同様の趣旨の規定が設けられています（適用指針第22号第24項）。
- 当該条項を適用する際は，4要件のすべてを満たす必要がある点に留意が必要です。特に銀行業においては，グループ全体での網羅的な情報把握がポイントになります。

(1) 原則的な子会社および関連会社の範囲の決定

子会社・関連会社判定の原則的な考え方は，支配力基準，影響力基準をベースとして子会社・関連会社の範囲を決定するというものです。この決定にあたっては，議決権の所有割合を基礎としつつ，支配力または影響力の存在を示唆する状況を加味します。

近年，銀行法による，銀行等金融機関およびその子会社に対する一般事業会社の議決権の取得比率制限は緩和されており，銀行グループによる投資専門会社を通じた一般事業会社への出資は増加することが見込まれますが，子会社・関連会社判定を行うにあたっては，以下で解説するVC条項にも留意する必要があります。

(2) VC条項とは

VC条項とは，投資企業（投資先の事業そのものによる成果ではなく，売却による成果を期待して投資価値の向上を目的とする業務を専ら行う企業）が投資育成や事業再生を図りキャピタルゲイン獲得を目的とする営業取引として，または銀行などの金融機関が債権の円滑な回収を目的とする営業取引として，他の企業の株式や出資を有している場合において，企業会計基準第22号「連結財務諸表に関する会計基準」第７項にいう他の企業の意思決定機関を支配していることに該当する要件を満たしていても，**図表3-31**の４要件すべてを満たすようなとき（ただし，当該他の企業の株主総会その他これに準ずる機関を支配する意図が明確であると認められる場合を除く）には，子会社に該当しないことに当たる，というものです（適用指針第22号第16項(4)）。また，関連会社についても同様の規定が設けられています（適用指針第22号第24項）。

図表3-31　VC条項の4要件

項　目	内　容
①出口計画の有無	売却等により当該他の企業の議決権の大部分を所有しないこととなる合理的な計画があること
②取引の有無	当該他の企業との間で，当該営業取引として行っている投資または融資以外の取引がほとんどないこと
③自己の事業の代行か否か	当該他の企業は，自己の事業を単に移転したり自己に代わって行うものとはみなせないこと
④シナジー効果の有無	当該他の企業との間に，シナジー効果も連携関係も見込まれないこと

(3) 銀行業におけるVC条項適用上の全般的留意事項

VC条項の適用にあたっては，まず下記の３点に留意が必要です。

① 適用可否の検討タイミング

会計上の子会社の範囲と銀行法上の子会社の範囲は同じであることから，投資企業が銀行等金融機関またはその子会社である場合，銀行法の規制により子会社・関連会社にできない業種の会社への投資の実行に先立って**図表3-31**の4要件を満たすか否かを検討する必要があります。

② 実質的な営業活動

投資企業は実質的な営業活動を行っている企業であることが必要です。ここで，実質的な営業活動を行っているかどうかは，第三者からの資金拠出が多くなされているかどうか，複数の投資先へ幅広く投資を行っているかどうかなどの観点から判断され，法人格や物的施設の有無のみによって判断されるものではありません。投資企業が銀行等金融機関の場合は問題になりませんが，投資企業が子会社の場合には，上述の点に留意する必要があると考えられます。

③ 連結グループ全体としての検討

投資企業が含まれる企業集団に関する連結財務諸表にあっては，当該企業集団内の他の連結会社（親会社およびその連結子会社）においても**図表3-31**の②から④の要件を満たすことが求められます。

(4) 銀行業におけるVC条項適用可否の判定に係る具体的留意事項

① 出口計画の有無

出口計画は，売却等により，一義的には関連会社に該当しない程度にまで当該他の企業の議決権を所有しないこととなる必要があります。また，営業取引として他の企業の株式や出資を有していることが前提とされていることから，当該営業取引の性質に見合う売却等の方法や時期その他の事項を考慮した計画の合理性が必要です。したがって，計画の実態や実現可能性も踏まえて慎重に検討する必要があります。

② 取引の有無

特に銀行は多岐にわたる部署や関係会社で幅広いサービスを扱っているた

め，当要件の判定にあたっては，グループ全体で取引がないことを網羅的に確認する態勢が必要となります。

また，当該条項を適用している先については，これに抵触するような取引をしないよう周知徹底することが必要となると考えられます。

③　自己の事業の代行か否か

投資会社が，新設分割や自己が主体となって他の企業を設立したりすることにより，当該他の企業において単に自己の事業を移転したり自己に代わって行うものとみなせるような場合には，営業取引としてではなく，自己と一体になった運営がなされる可能性が高いと考えられます。

④　シナジー効果の有無

③と同様，VC条項適用対象会社と投資会社の業務にシナジー効果や連携関係が認められる場合，実質的には投資会社の本業の一部を担わせている可能性があると考えられます。したがって，当要件の判定にあたっては，VC条項適用対象会社の事業内容を検討し，銀行が営む業務との関連性がないことを確認することが必要です。

Q3-32 流動化に係る特別目的会社の連結範囲

資産流動化スキームにおける特別目的会社に対する子会社判定上の例外規定とはどのようなものでしょうか。また，適用に際してどのような留意事項がありますか。

Answer Point

- 原則的な考え方によれば子会社等と判定されるものであっても，一定の要件を充足した場合には子会社に該当しないと推定する，特別目的会社に対する子会社判定上の例外規定が設けられています。
- 上述の例外規定の適用対象は，特別目的会社の譲渡会社等であり，出資者には適用されないことに留意が必要です。
- 上述の例外規定の適用対象となった特別目的会社は「開示対象特別目的会社」とされ，連結財務諸表において注記が必要となります。

(1) 子会社等の範囲の判定に係る原則的な考え方

子会社等の範囲は，原則として議決権の所有割合を基礎としつつ，意思決定機関に対する支配関係の有無に基づいて実質的に判定されます。

(2) 特別目的会社に対する子会社判定上の例外規定とは

資産流動化スキームにおける特別目的会社に対する子会社判定上の例外規定とは，原則的な考え方では子会社等に判定されるような特別目的会社であっても，**図表3-32-1**の要件を充足した場合に，当該譲渡会社等の子会社等に該当しないと推定するものです（財規第８条第７項）。

(3) 特別目的会社とは

特別目的会社とは，資産流動化法上の特定目的会社およびそれに類似した事業内容の変更が制限されているこれと同様の事業を営む事業体とされています（財規第８条第７項）。

(4) 譲渡会社等とは

譲渡会社等とは，特別目的会社に対して資産を譲渡した会社等をいいます（財規第８条第７項および連結財務諸表に関する会計基準（以下，「連結会計基準」という）第７－２項）。当該特別目的会社への出資者を兼ねる譲渡会社等も，この譲渡会社等に含まれます（連結会計基準第54－２項）。

(5) 子会社判定上の例外規定の適用の可否を判定する際の具体的な検討事項

たとえば以下のような点が認められる場合には，譲渡会社等の子会社に該当しないものと推定されます（財規第８条第７項および特別目的会社を利用した取引に関する監査上の留意点についてのQ&A（以下，「Q&A」という））。

図表3-32-1　子会社判定上の例外規定および適用の可否を判定する際の検討事項

項目	内　容
①事業内容の制限	資産流動化法上の特定目的会社および事業内容の変更が制限されているこれと同様の事業を営む事業体である。 ・事業体の目的を記載した定款等の文書において，目的が特定されている。 ・当該事業体に関連する関係者が，事後的に上述の定款等に記載された事業内容を変更することができない。 ・事業体の設立当初に定められる契約書等の文書で，特別目的会社で実施される事業に必要な意思決定事項が定められており，契約関係等の事後の変更が不要となっている。（Q&A Q5）

項目	内　容
②譲渡する資産の価額	適正な価額により資産が譲渡されている。 • 資産の譲渡価額が，適正な時価（観察可能な市場価格または合理的に算定された価額。ただし，金融商品については，市場参加者間で秩序ある取引が行われると想定した場合の，資産売却により受け取る価格または負債の移転のために支払う価格）に基づく価額である。（Q&A Q4）
③設立の目的	譲り受けた資産から生ずる収益を，発行する証券の所有者に享受させることを目的として設立されたものである。 • 特別目的会社が，自らが物件の開発行為を行うタイプのものではなく，資産を譲り受けるタイプのものである。（Q&A Q3）
④事業の遂行	事業が設立の目的に従って適切に遂行されている。 • 定款等の変更により事業目的の変更がなされていない。 • 設立時に定められた契約書が，覚書等で改定されていない。 • 合併等，重要な組織の変更がなされていない。 • 譲渡会社等により契約書に記載されていない資産の買戻しが実施されていない。（Q&A Q5）

(6) 子会社判定上の例外規定を適用した場合の開示上の取扱い

一定の要件を充足し，譲渡会社等の子会社に該当しないものと推定された特別目的会社（以下，「開示対象特別目的会社」という）については，①開示対象特別目的会社の概要および開示対象特別目的会社を利用した取引の概要，②開示対象特別目的会社との取引金額等の注記が必要となります（一定の特別目的会社に係る開示に関する適用指針第３項，**図表3-32-2**）。

図表3-32-2　開示対象特別目的会社に係る注記事項

項目	内　容
①開示対象特別目的会社の概要および取引の概要	• 開示対象特別目的会社の数，法形態，会社との関係 • 会社と開示対象特別目的会社との取引の状況や目的
②開示対象特別目的会社との取引金額等	• 会社と開示対象特別目的会社との間で当期に行った主な取引の金額または当該取引の期末残高 • 当期の主な損益計上額・開示対象特別目的会社の直近の財政状態

(7) 銀行業における特別目的会社の子会社判定に係る留意事項

事業会社が保有する資産を特別目的会社に譲渡する資産流動化スキームにおいて，銀行が匿名組合出資等の形式で資金を拠出する場合があります。この場合，銀行は特別目的会社に対する出資者となり，譲渡会社等には該当しません。したがって，上述の例外規定は銀行と特別目的会社との間では適用されません。そのため，当該特別目的会社に対して，原則的な考え方に基づき，子会社判定を行うことになります。

Q3-33 資金調達に係る特別目的会社の連結範囲

資金調達スキームにおいて優先出資証券を発行している特別目的会社の連結範囲の判定および連結上の会計処理における留意事項にはどのようなものがありますか。

Answer Point

- 特別目的会社を利用した資金調達スキームが採用される場合があります。
- 特別目的会社が子会社となる場合，純資産の部に含まれている優先出資証券および優先配当額のうち外部投資家に帰属する部分を非支配株主持分に振り替えるという処理が必要となります。

(1) 特別目的会社を利用した資金調達スキームの説明

特別目的会社を利用して優先出資証券を発行する資金調達スキームには，**図表3–33**のような，特別目的会社が，外部投資家から調達した資金で，実質的に資金調達を行う会社の社債を購入するというものがあります。この場合，外部から調達した資金が，特別目的会社を通過して，最終的には資金調達を行う会社に入金されることになります。

図表3-33　特別目的会社を利用した資金調達のスキーム例

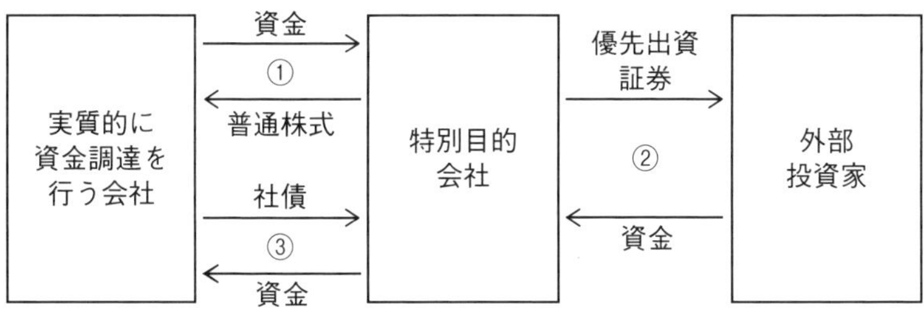

① 実質的に資金調達を行う会社を発起人および設立時の株主（一人株主）として，特別目的会社を設立する。
② 特別目的会社は外部投資家を引受け先として優先出資証券を発行し，資金調達を実施する。
③ 外部投資家から調達した資金を原資として特別目的会社は，実質的に資金調達を行う会社が発行した社債を購入する。

(2) 特別目的会社の貸借対照表における優先出資証券の区分

貸借対照表上，返済義務のあるものは負債の部に，返済義務のないものは純資産の部に計上されます（貸借対照表の純資産の部の表示に関する会計基準第19項，第20項および第21項）。

したがって，特別目的会社が返済義務のない優先出資証券の発行により資金を調達した場合，調達した金額は，特別目的会社の貸借対照表上，純資産の部に計上されることとなります。

(3) 子会社等の範囲の判定における取扱い

財規第８条第７項によれば，一定の要件を充足した場合に，特別目的会社が，当該特別目的会社に対して資産を譲渡した会社等の子会社に該当しないと推定されます。この対象となるためには，特別目的会社が資産を適正な価額で譲り受けるという要件を充足しなければなりませんが，特別目的会社を利用して優先出資証券を発行する資金調達スキームにおいては，特別目的会社は資産を譲り受けるのではなく，負債を引き受けることになります。そのため，譲渡会社等の子会社に該当しないと推定される特別目的会社とはなりません（連結財務諸表における子会社及び関連会社の範囲の決定に関する監査上の留意点についてのQ&A Q13(4))。

実質的に資金調達を行う会社が特別目的会社の普通株式のすべてを保有する資金調達スキームの場合，当該特別目的会社は，原則として，実質的に資金調達を行う会社の子会社となり，連結の対象となります（連結財務諸表に関する会計基準第13項)。

(4) 優先出資による調達部分についての連結財務諸表上の取扱い

子会社の資本に計上されている優先株式のうち外部株主が出資した金額は，連結財務諸表上，非支配株主持分に含めなければなりません（連結財務諸表における資本連結手続に関する実務指針（以下，「資本連結実務指針」という）第51項前段)。特別目的会社が発行した優先出資証券は，優先株式を発行した場合と同様に特別目的会社の純資産の部に計上されます。そのため，実質的に資金調達を行う会社の連結財務諸表上も優先株式と同様に，外部投資家が引き受けた優先出資証券は，非支配株主持分として純資産の部に計上されることとなります。

また，優先株式の株主に対して，配当金の支払義務が発生した場合には，優先配当額のうち外部株主持分額を非支配株主に帰属する当期純利益として連結損益計算書に計上し(資本連結実務指針第51項前段)，外部株主に対して支払った優先株式に係る配当金の額は，非支配株主持分の減少として処理されることになります（資本連結実務指針第51項後段)。特別目的会社を利用して優先出資証券を発行して外部投資家から資金調達をしている場合，外部投資家に対する優先出資配当の支払額についても優先株式に係る配当金と同様に処理することになります。

Q3-34　緊密者等の範囲

緊密な者および同意している者を判定する際の留意事項にはどのようなものがありますか。

Answer Point

- 緊密な者の判定にあたっては，両者の関係に至った経緯，両者の関係状況の内容，過去の議決権の行使の状況，自己の商号との類似性等を踏まえ，実質的に判断します。
- 銀行においては，特にメイン行の地位にある融資先等について，融資のみならず人事やその他の取引を通じて緊密な関係を構築することが多いと考えられるため，網羅的な情報把握とその関係に至った経緯等について慎重な検討が必要です。

(1) 緊密な者・同意している者の定義

緊密な者（以下，「緊密者」という）とは，自己と出資，人事，資金，技術，取引等において緊密な関係があることにより自己の意思と同一の内容の議決権を行使すると認められる者をいいます（連結財務諸表に関する会計基準（以下，「連結会計基準」という）第７項，企業会計基準適用指針第22号「連結財務諸表における子会社及び関連会社の範囲の決定に関する適用指針」（以下，「適用指針第22号」という）第９項）。

また，同意している者（以下，「同意者」という）とは，自己の意思と同一内容の議決権を行使することに同意していると認められる者をいいます（連結会計基準第７項および適用指針第22号第10項）。

同意者は自己の意思と同一内容の議決権行使を同意していることが契約や合

意等で明確になっている一方，緊密者は明確な契約等は存在しないなかで実質的な関係に基づいて判定する必要があることから，この判定には実務上の困難を伴います。以下では，緊密者に該当するか否かの判断について詳しく見ていきます。

(2) 緊密者に該当するかどうかの判断において考慮すべき事項

緊密者に該当するかどうかは，両者の関係に至った経緯，両者の関係状況の内容，過去の議決権の行使の状況，自己の商号との類似性等を踏まえ，実質的に判断します。たとえば，**図表3-34**の者は一般的に緊密者に該当するものと考えられます（適用指針第22号第９項。以下同様）。

図表3-34　緊密者の例示

項目	内　容
①議決権を20%以上保有している企業	自己（自己の子会社を含む。以下⑦までについて同じ）が議決権の100分の20以上を所有している企業
②自己の役員，役員が支配する企業	自己の役員，または自己の役員が議決権の過半数を所有している企業
③自己の役員等が取締役会の過半数を占める企業	自己の役員もしくは使用人である者，またはこれらであった者で自己が他の企業の財務および営業または事業の方針の決定に関して影響を与えることができる者が，取締役会その他これに準ずる機関の構成員の過半数を占めている当該他の企業
④自己の役員等が代表取締役かつ相当数の取締役を占める企業	自己の役員もしくは使用人である者，またはこれらであった者で自己が他の企業の財務および営業または事業の方針の決定に関して影響を与えることができる者が，代表権のある役員として派遣されており，かつ，取締役会その他これに準ずる機関の構成員の相当数（過半数に満たない場合を含む）を占めている当該他の企業
⑤資金調達総額の過半を融資している企業	自己が資金調達額（貸借対照表の負債の部に計上されているもの）の総額のおおむね過半について融資（債務保証および担保の提供を含む）を行っている企業（金融機関が通常の取引として融資を行っている企業を除く）
⑥契約上，自己への依存度が高い企業	自己が技術援助契約等を締結しており，当該契約の終了により，事業の継続に重要な影響を及ぼすこととなる企業
⑦取引上，自己への依存度が高い企業	自己との間の営業取引契約に関し，自己に対する事業依存度が著しく大きいことまたはフランチャイズ契約等により自己に対し著しく事業上の拘束を受けることとなる企業

なお，上記以外の者であっても，出資，人事，資金，技術，取引等における両者の関係状況からみて，自己の意思と同一の内容の議決権を行使すると認められる者は，緊密者に該当することに留意が必要です。

また，自己と緊密な関係にあった企業であっても，その後，出資，人事，資金，技術，取引等の関係について見直しが行われ，自己の意思と同一の内容の議決権を行使するとは認められない場合には，緊密者に該当しないこととなります。

(3) 銀行業における緊密者判定上の留意事項

銀行業における緊密者判定にあたっては，下記の３点に留意が必要です。

①　役員の派遣

銀行業においては，特にメイン行の地位にある場合，融資先に役員や従業員を出向させるケースがあります。この場合，**図表3-34**③，④について慎重に検討する必要があります。ここでは「役員もしくは使用人であった者」を含むことから，経理セクションでは情報が把握しにくい場合には，人事部等との連携など情報を網羅的に把握する態勢を構築することも一例です。

②　契約上，取引上の依存度

当項目はシステム等での集計が困難な場合が多いと考えられるため，情報を網羅的に把握する仕組みの例として，決算の都度営業店に対してアンケート調査を実施するなどの方法が考えられます。

③　実態を踏まえた判定

仮に**図表3-34**の例示に形式的には該当しなかったとしても，あくまで実態を踏まえて判定する必要がある点に留意が必要です。

たとえば，**図表3-34**③，④には形式的には該当しないとしても，銀行からの出向者が意思決定機関を実質的に支配しているようなケースにおいては，緊密者に該当することも考えられます。

Q3-35 LIBORを参照する金融商品に関するヘッジ会計の取扱い

金利指標改革に伴い公表停止が見込まれる金利指標を参照する金融商品の金利指標を置き換える場合，ヘッジ会計の継続は認められますか。

Answer Point

- 契約の経済効果が金利指標置換の前後でおおむね同等となることを意図した，契約条件の変更または切替が行われる金融商品を適用範囲として，実務対応報告第40号「LIBORを参照する金融商品に関するヘッジ会計の取扱い」（以下，「実務対応報告第40号」という）において，特例的な取扱いが示されています。
- 「金利指標置換前」，「金利指標置換時」，「金利指標置換後」に分けて，特例的な取扱いが認められます。

金利指標改革が進められており，ロンドン銀行間取引金利（London Interbank Offered Rate，以下，「LIBOR」という）の公表が2021年12月末をもって恒久的に停止され，LIBOR を参照している契約においては参照する金利指標の置換が行われる可能性が高まっています。

金利指標改革に起因するLIBORの置換は，企業自身の意思決定に基づくものではなく，企業にとって不可避的に生じる事象です。このような不可避的に生じる事象に対して，そうした事態を想定せずに開発された会計基準に当てはめた場合，当該会計基準の開発時には想定されていなかった結果が生じ，取引の実態を適切に表さず，結果として，財務諸表利用者に対する有用な財務情報の提供につながらない可能性があると考えられます。そのため，特にヘッジ会計の適用について，金利指標改革に起因する金利指標の変更に伴い必要と考えられる特例的な取扱いが実務対応報告第40号で示されています。

実務対応報告第40号は，公表時点において公表停止が見込まれているLIBORを対象としていますが，今後，LIBOR以外の金利指標でも金利指標改革に伴い公表停止が見込まれる場合には，当該金利指標を参照している金融商品の取扱いについても参考にすることが考えられます（実務対応報告第40号第28項）。

(1) 実務対応報告第40号の適用範囲となる契約条件の変更または切替

次の金融商品が実務対応報告第40号の適用範囲とされています。

① 金利指標改革に起因して公表が停止される見通しであるLIBOR を参照する金融商品について金利指標を置き換える場合に，その契約の経済効果が金利指標置換の前後でおおむね同等となることを意図した金融商品の契約上のキャッシュ・フローの基礎となる金利指標を変更する契約条件の変更のみが行われる金融商品

② 上記の契約条件の変更と同様の経済効果をもたらす契約の切替に関する金融商品

なお，契約条件の変更とは，既存の契約の契約条件の内容を変更することをいい，契約の切替とは，既存の契約を契約満了前に中途解約し，直ちに新たな契約を締結することをいいます。

契約条件の変更または切替の内容が，契約が参照する金利指標をLIBORから他の金利指標へ置き換えることに加えて，たとえば次のような変更である場合には「経済効果がおおむね同等となることを意図した契約条件の変更」に該当します。（実務対応報告第40号第30項）

① LIBORと後継の金利指標の差分を調整するためのスプレッド調整

② 金利指標の置換に伴う更改期間，日数計算，支払日，時価の算定方法等の変更（たとえば，デリバティブ取引に関して，前決めの金利から後決めの金利への変更）

一方で，契約条件の変更または切替の内容に，たとえば**図表3-35-1**に列挙した項目が含まれる場合，実務対応報告第40号の適用範囲外になると考えられ

ます（実務対応報告第40号第31項）。

図表3-35-1　実務対応報告第40号の適用範囲外となる項目例

①	想定元本の変更	④	取引相手の信用リスクのスプレッドの変更
②	満期日の変更	⑤	財務的な困難がある借手への譲歩
③	貸出の仕組みの変更（たとえば，証書貸付から当座貸越への変更）	⑥	取引相手の変更

(2) ヘッジ会計に関する特例的な取扱い

①　繰延ヘッジおよび時価ヘッジ

繰延ヘッジおよび時価ヘッジにおいて，金利指標置換前，置換時，置換後の時点別で認められている，特例的な取扱いは**図表3-35-2**のとおりとなります。

図表3-35-2　繰延ヘッジ・時価ヘッジにおける特例的な取扱い

実務対応報告第40号		
繰延ヘッジ 時価ヘッジ	第6項 予定取引の 判断基準	【金利指標置換前】 • ヘッジ対象である予定取引が実行されるかどうかを判断するにあたって，ヘッジ対象の金利指標が，金利指標改革の影響を受けず既存の金利指標から変更されないとみなすことができる。
	第7項 ヘッジの有効性 事前テスト	【金利指標置換前】 • 金利指標改革の影響を受けず既存の金利指標から変更されないとの仮定を置いた上で実施することができる。
	第8項 ヘッジの有効性 事後テスト	【金利指標置換前】 • 有効性評価の結果，ヘッジ有効性が認められなかった場合であってもヘッジ会計の適用を継続することができる。
	第13項 ヘッジ文書	【金利指標置換時】 • 当初のヘッジ会計開始時にヘッジ文書で記載したヘッジ取引日（開始日），識別したヘッジ対象，選択したヘッジ手段等を変更したとしても，ヘッジ会計の適用を継続することができる。

繰延ヘッジ 時価ヘッジ	第14項 ヘッジの有効性 事後テスト	【金利指標置換後】 •事後テストにおける第8項の取扱いを適用し，2023年3月31日以前に終了する事業年度までヘッジ会計を継続することができる。 その間，再度金利指標を置き換え，ヘッジ文書を変更したとしても，ヘッジ会計の適用を継続することができる。
	第15項 2023年4月以降 の事後テスト	【金利指標置換後】 •第14項に従い2023年3月31日以前に終了する事業年度までヘッジ会計を継続した場合，2023年4月以降に事後テストを実施するときは，金融商品実務指針156項の定めに従い，原則としてヘッジ開始時を起点としてヘッジ対象およびヘッジ手段の相場変動またはキャッシュ・フローの変動の累計を比較する。ただし，継続適用を条件に，金利指標置換時を起点とすることを選択することができる（14項に従い再度金利指標を置き換えた場合は当該再置換時を含む）。
	第16項 ヘッジの有効性 事後テスト	【金利指標置換後】 •第8項または第14項を適用せずに事後テストを実施する場合には，継続適用を条件に，事後テストにおけるヘッジ対象およびヘッジ手段の相場変動またはキャッシュ・フロー変動の累計を金利指標置換時を起点として比較することができる。
繰延ヘッジ	第17項 ヘッジ会計の 中止	【金利指標置換後】 •金利指標改革とは関係なくヘッジ会計が中止となった場合で，実務対応報告第40号の適用範囲に含まれる金融商品をヘッジ対象としている場合，当該ヘッジ対象の契約の切替が行われたときであっても，契約の切替後のヘッジ対象に係る損益が認識されるまで，ヘッジ手段に係る損益または評価差額を繰り延べる（ヘッジ会計の終了とはならない）。

②　包括ヘッジおよび金利スワップの特例処理等

包括ヘッジおよび金利スワップの特例処理等において，金利指標置換前，置換時，置換後の時点別で認められている，特例的な取扱いは**図表3-35-3**のとおりとなります。

図表3-35-3　包括ヘッジ・金利スワップの特例処理等の特例的な取扱い

<table>
<tr><th colspan="3">実務対応報告第40号</th></tr>
<tr><td>包括ヘッジ</td><td>第9項</td><td>【金利指標置換前】
• 個々の資産または負債のリスクに対する反応とグループ全体のリスクに対する反応が，ほぼ一様であると認められなかった場合であっても，包括ヘッジを適用することができる。</td></tr>
<tr><td rowspan="2">金利スワップの特例処理等</td><td>第11項
金利スワップの特例処理</td><td>【金利指標置換前】
• 特例処理の条件を満たしているかの判断にあたって，ヘッジ対象およびヘッジ手段の参照する金利指標は金利指標改革の影響を受けず既存の金利指標から変更されないとみなすことができる。</td></tr>
<tr><td>第12項
外貨建会計処理基準等の振当処理</td><td>【金利指標置換前】
• 円貨でのキャッシュ・フローが固定されているかの判断にあたって，ヘッジ対象およびヘッジ手段の参照する金利指標は金利指標改革の影響を受けず既存の金利指標から変更されないとみなすことができる。</td></tr>
<tr><td>包括ヘッジ</td><td>第18項</td><td>【金利指標置換時以後】
• 第9項の取扱いを適用し，2023年3月31日以前に終了する事業年度まで包括ヘッジの適用を継続することができる。
その間，再度金利指標を置き換え，ヘッジ文書を変更したとしても，包括ヘッジの適用を継続することができる。</td></tr>
<tr><td rowspan="2">金利スワップの特例処理等</td><td>第19項
金利スワップの特例処理</td><td rowspan="2">【金利指標置換時以後】
• 第11項または第12項の取扱いを適用し，2023年3月31日以前に終了する事業年度まで金利スワップの特例処理または振当処理の適用を継続することができる。
その間，再度金利指標を置き換え，ヘッジ文書を変更したとしても，金利スワップの特例処理または振当処理の適用を継続することができる。</td></tr>
<tr><td>第19項
外貨建会計処理基準等の振当処理</td></tr>
</table>

繰延ヘッジ 時価ヘッジ	第15項 2023年4月以降の事後テスト	【金利指標置換後】 •第14項に従い2023年3月31日以前に終了する事業年度までヘッジ会計を継続した場合，2023年4月以降に事後テストを実施するときは，金融商品実務指針156項の定めに従い，原則としてヘッジ開始時を起点としてヘッジ対象およびヘッジ手段の相場変動またはキャッシュ・フローの変動の累計を比較する。ただし，継続適用を条件に，金利指標置換時を起点とすることを選択することができる（14項に従い再度金利指標を置き換えた場合は当該再置換時を含む）。
	第16項 ヘッジの有効性事後テスト	【金利指標置換後】 •第8項または第14項を適用せずに事後テストを実施する場合には，継続適用を条件に，事後テストにおけるヘッジ対象およびヘッジ手段の相場変動またはキャッシュ・フロー変動の累計を金利指標置換時を起点として比較することができる。
繰延ヘッジ	第17項 ヘッジ会計の中止	【金利指標置換後】 •金利指標改革とは関係なくヘッジ会計が中止となった場合で，実務対応報告第40号の適用範囲に含まれる金融商品をヘッジ対象としている場合，当該ヘッジ対象の契約の切替が行われたときであっても，契約の切替後のヘッジ対象に係る損益が認識されるまで，ヘッジ手段に係る損益または評価差額を繰り延べる（ヘッジ会計の終了とはならない）。

特例的な取扱いにおいて，2023年３月31日以前に終了する事業年度までとされているのは，LIBORの公表停止が予定されている2021年12月末からおおむね１年間を想定したものです。実務対応報告第40号公表時には金利指標の選択に関する実務や企業のヘッジ行動について不確実な点が多いため，公表から約１年後に当該取扱いについて再度確認する予定とされています（実務対応報告第40号第53項）。

Q3-36 金銭債権債務に対する包括ヘッジ

預金・貸出金など小口多数の金融商品の金利リスクをヘッジする場合，ヘッジ会計をどのように適用しますか。

Answer Point

- 銀行業のリスク管理手法の特殊性を鑑みて，「相場変動を相殺する包括ヘッジ」および「キャッシュ・フローを固定する包括ヘッジ」の各々について，業種固有の取扱いが業種別委員会実務指針第24号「銀行業における金融商品会計基準適用に関する会計上及び監査上の取扱い」（以下，「業種別委員会実務指針第24号」という）にて示されています。
- 「ヘッジ対象のグルーピング」，「ヘッジ有効性の評価方法」，「部分的なヘッジ指定」，「ヘッジ会計の終了の識別方法」の各要点について銀行業での具体的な取扱いが示されています。

解説

ヘッジ会計は，ヘッジ取引のうち一定の要件を満たすものについて，ヘッジ対象に係る損益とヘッジ手段に係る損益を同一の会計期間に認識し，ヘッジの効果を反映させるための特殊な会計処理をいいます。金融商品会計基準においては，ヘッジ対象とヘッジ手段が単純に一対一の関係にある個別ヘッジに加え，複数の資産または負債をヘッジ対象としてヘッジ手段をヘッジ対象に包括的に対応させる包括ヘッジを定めています（金融商品会計基準第29項）。

一方で，銀行は預金や貸出金といった小口多数の金銭債権債務を保有しており，これらの金銭債権債務の一部について，リスクの共通する金銭債権または金銭債務をグルーピングした上で，ヘッジ対象を識別する場合があります。かかる包括ヘッジについては金融商品会計基準においても認められていますが，銀行に包括ヘッジを適用する場合の取扱いは，必ずしも十分には規定されていません。このため業種別委員会実務指針第24号では，銀行業のリスク管理手法や取引慣行を踏まえた預金や貸出金の金利リスクに係る包括ヘッジの取扱いを示しています。以下では，銀行における包括ヘッジのうち相場変動を相殺する包括ヘッジとキャッシュ・フローを固定する包括ヘッジに分けて説明します。

(1) 相場変動を相殺する包括ヘッジ

①　ヘッジ対象のグルーピング

包括ヘッジを適用する場合におけるヘッジ対象は，リスク要因(金利リスク，為替リスク等)が共通であり，かつ，リスクに対する反応が個々の資産（負債）の間でほぼ一様であることが必要とされています(金融商品実務指針第152項)。

この点，銀行業では，市場金利の変動による個々の資産または負債の理論価格の変動について，ベーシス・ポイント・バリュー（BPV）やデュレーションといったリスク指標に集約して管理を行うのが一般的ですが，個々の資産または負債ごとに上記のようなリスク指標を満期までの期間を基準として集計，計測している場合には，金利リスクに対する反応がグループ内の個々の資産（負債）との間でほぼ一様であることがある程度担保されることが推定されます。このような場合，通貨の種類別に，期間については公表金利や過去のイールドカーブの変化等を参考にして，ヘッジ対象のグルーピングを決定することになります。

ただし，イールドカーブが通常の状態である場合は，期間が１年以内のグルーピングであれば，通常はリスクに対する反応が個々の資産（負債）との間で一様であると取り扱うことができるとされています。

②　ヘッジ有効性の評価方法

ヘッジ有効性の判定は，原則としてヘッジ対象とヘッジ手段の両者の相場変動の累計額を比較して判断することになります（金融商品実務指針第156項)。

ただし銀行業では，ヘッジ対象およびヘッジ手段をそれぞれ１年以内の期間を基準として残存期間のグルーピングを行っている場合には，ヘッジ対象およびヘッジ手段の双方の理論価格の算定に影響を与える金利の状況を検証することをもって，ヘッジ有効性の評価に代替することができるとしています。

このような例外的取扱いが認められる理由について，業種別委員会実務指針第24号では，貸出金等の市場価格のない金融資産の理論価格は将来キャッシュ・フローの割引現在価値となり，信用リスクの変動を除外すれば，理論価格の変動の累計はヘッジ開始時点の市場金利とヘッジ有効性判定時点の実勢市場金利との差からもたらされるためとされています。

③ 部分的なヘッジ指定

銀行業では，預金・貸出金等に係る期限前償還リスク部分を見込み，預金・貸出金等から当該期限前償還リスク部分を除いた部分をヘッジ対象とする場合があります。このようなヘッジ指定であっても，残存期間ベースでの管理および実際の期限前償還率が当初見込んだ期限前償還率を上回っていないことの事後的な検証が適切に行われている場合には，ヘッジ会計適用の要件を満たすものとされています。

④ ヘッジ会計の終了の認識

ヘッジ会計の終了を適切に認識するためには，ヘッジ対象とヘッジ手段の対応関係を常に捕捉し，ヘッジ対象に対応したヘッジ手段のヘッジ会計の終了を認識する必要があります。

しかしながら，銀行業においては，ヘッジ対象である金銭債権債務が他動的に増減し，リスク管理指標も変動するため，ヘッジ対象とヘッジ手段の対応関係を常に捕捉することが困難であることが想定されます。そのため，一部のヘッジ対象の減少によりヘッジ会計の終了を認識する際，ヘッジ対象の減少が，ヘッジ対象であるポートフォリオ全体から平均的に発生したものとみなし，ヘッジ会計の終了時点までに繰り延べられていたヘッジ手段に係る損益または評価差額全額について，金融商品実務指針第173項に示されている以下の方法を基礎として当期の損益に配分することができます。

(a) ヘッジ取引開始時または終了時点における各ヘッジ対象の時価を基礎とする方法

(b)　ヘッジ取引終了時における各ヘッジ対象の帳簿価額を基礎とする方法

(c)　ヘッジ取引開始時からヘッジ取引終了時までの間における各ヘッジ対象の相場変動幅を基礎とする方法

(2) キャッシュ・フローを固定する包括ヘッジ

①　ヘッジ対象のグルーピング

包括ヘッジを適用する場合のグルーピングにおいて，金利リスクに対する反応が同一グループ内の個々の資産（負債）との間でほぼ一様であるかどうかを検証する方法として，下記のような回帰分析を利用することができます。

(a)　回帰方程式 $y=ax+b$ の a が１に近似していること

(b)　決定係数（r^2）が0.8以上であること

なお，上記の回帰分析をグルーピングの判定基準として利用する場合，グルーピングの判定方法（データ採取方法，期間等を含む）を銀行のヘッジ方針に照らし合理的に定め，文書化の上，継続的に適用することが必要です。

②　ヘッジ有効性の評価方法

ヘッジ有効性の事後テストは原則として，ヘッジ対象とヘッジ手段の両者のキャッシュ・フローの累計額を比較する比率分析のみが認められ，回帰分析は認められていません（金融商品実務指針第323項）。

しかしながら，小口多数の金銭債権債務を有する銀行業においては，個々の金銭債権債務から生じるキャッシュ・フローを個別に検証することが困難な場合があるため，ヘッジ有効性の事後テストにおいて，下記のような回帰分析を利用することができるものとされています。

(a)　回帰方程式 $y=ax+b$ の a がヘッジ指定時に想定した数値に近似していること

(b)　決定係数（r^2）が0.8以上であること

なお，回帰分析をヘッジ有効性の事後テストに利用する場合には，①のグルーピングと同様に，ヘッジ有効性の評価方法をヘッジ方針として合理的に定め，文書化の上，継続的に適用することが必要となります。

③ ヘッジの部分指定

キャッシュ・フローを固定する包括ヘッジの目的は，金融資産の金利変動による利息のキャッシュ・フローの変動を固定化することにあり，ヘッジ対象期間にヘッジ対象資産または負債が存在していれば，個別取引まで指定する必要はありません。

そのため，具体的な取引や取引種類を指定せず，元本総額のみを指定する方法によるヘッジ指定であっても，ヘッジ対象資産または負債が存在する限りヘッジ会計適用の要件を満たすものとされています。

(3) LIBORを参照する金融商品に関するヘッジ会計の取扱い

業種別委員会実務指針第24号は，実務対応報告第40号「LIBORを参照する金融商品に関するヘッジ会計の取扱い」(以下,「実務対応報告第40号」という)が公表されたことを踏まえて改正されました。業種別委員会実務指針第24号と実務対応報告第40号との関係は，**図表3-36**のとおりです。

図表3-36　業種別委員会実務指針第24号と実務対応報告第40号との関係

	業種別委員会実務指針第24号 「6. LIBORを参照する金融商品に関するヘッジ会計の取扱い」		実務対応報告第40号関連条項
(1) 相場変動を相殺するヘッジ	6.(2) ヘッジの有効性	【金利指標置換前】 • 事前テストは，金利指標改革の影響を受けず既存の金利指標から変更されないとの仮定を置いた上で実施することができる。 • 事後テストは，有効性評価の結果，ヘッジ有効性が認められなかった場合であってもヘッジ会計の適用を継続することができる。	第7項 第8項

	業種別委員会実務指針第24号 「6. LIBORを参照する金融商品に関するヘッジ会計の取扱い」		実務対応報告第40号 関連条項
(1) 相場変動を相殺するヘッジ	6.（2） ヘッジの有効性	【金利指標置換後】 • 事後テストにおける金利指標置換前の取扱いを2023年3月31日以前に終了する事業年度まで適用することができる。 その間，再度金利指標を置き換え，ヘッジ文書を変更した場合や，新たに後継の金利指標を参照した金融商品をグループに含めた場合であっても，ヘッジ会計の適用を継続することができる。	第14項
(2) キャッシュ・フローを固定するヘッジ	6.（3） ヘッジの有効性	【金利指標置換前】 • 事後テストは，有効性評価の結果，ヘッジ有効性が認められなかった場合であってもヘッジ会計の適用を継続することができる。	第8項
		【金利指標置換後】 • 事後テストにおける金利指標置換前の取扱いを2023年3月31日以前に終了する事業年度まで適用することができる。 その間，再度金利指標を置き換え，ヘッジ文書を変更した場合や，新たに後継の金利指標を参照した金融商品をグループに含めた場合であっても，ヘッジ会計の適用を継続することができる。	第14項
	6.（4） 包括ヘッジの要件 (ヘッジ対象のグルーピング)	【金利指標置換前・置換時・置換後】 • ヘッジ対象の同一グループ内のすべての資産または負債について，金利リスクに対する反応が同一グループ内の個々の資産または負債との間でほぼ一様であると認められなかった場合であっても，2023年3月31日以前に終了する事業年度までは，包括ヘッジを適用することができる。	第9項 第18項

	業種別委員会実務指針第24号 「6. LIBORを参照する金融商品に関するヘッジ会計の取扱い」		実務対応報告 第40号 関連条項
(2) キャッシュ・フローを固定するヘッジ	6. (5) 予定取引の対象	【金利指標置換前】 • 金融商品会計実務指針第162項の予定取引の判断基準の適用にあたっては，ヘッジ対象の金利指標が，金利指標改革の影響を受けずLIBORから変更されないとみなすことができる。 また，予定取引実行時の金利設定が特定の金利インデックスに連動していることを疎明するにあたって，金利指標改革の影響を受けず既存の金利指標が変更されないとみなすことができる。	第6項

※「6. LIBORを参照する金融商品に関するヘッジ会計の取扱い」の適用にあたっては，ヘッジ関係ごとにその適用を選択することができます。

Q3-37　外貨建金融資産負債に対する包括ヘッジ

小口多数の外貨建金融資産もしくは外貨建金融負債に対して，通貨スワップ等を用いてヘッジする場合，ヘッジ会計をどのように適用する必要がありますか。ヘッジ会計の適用方法について教えてください。

Answer Point

・決算日レートで換算する外貨建金融商品に対しては，振当処理以外にヘッジ会計は認められていませんが，銀行業の特殊要因を考慮し，一定の要件を満たす場合において，繰延ヘッジの適用が認められています。

(1) 原則的な処理

「外貨建取引等会計処理基準」および金融商品実務指針では，決算日レートで換算される外貨建金銭債権債務および外貨建有価証券（その他有価証券および子会社・関連会社株式を除く）について，為替予約等（通貨オプション，通貨スワップ等を含む。以下同じ）により為替変動リスクのヘッジを行った場合，振当処理（為替予約等により固定されたキャッシュ・フローの円貨額により外貨建金銭債権債務を換算し，直物為替相場による換算額との差額を，為替予約等の契約締結日から外貨建金銭債権債務の決済日までの期間にわたり配分する方法）以外にヘッジ会計の適用は認められていません。

ヘッジ対象を「外貨建取引等会計処理基準」の原則に従い決算日レートで換算した上で，換算差額を純損益に計上し，ヘッジ手段である為替予約等を金融商品会計基準に従って時価評価することにより，ヘッジ対象に係る換算差額とヘッジ手段に係る評価差額の純損益への計上時期が一致することになり，ヘッジ取引の効果は自動的に財務諸表に反映されます。そのため，振当処理以外の上記のような取引はヘッジ会計の対象外となり，ヘッジ会計の要件を満たすか否かの判定は要しないとされています（金融商品実務指針第167項および第168項)。

(2) 銀行業特有の取扱い

（1）の原則的な取扱いに対し，多数の外貨建金融資産または金融負債を保有している銀行業においては以下のような特殊事情があるため，外貨建金銭債権債務等の為替変動リスクに係るヘッジ取引についてヘッジ会計を適用する必要性が認められます。

- 外貨建金銭債権債務等と通貨スワップ取引および資金関連スワップ取引（以下，「通貨スワップ取引等」という）との個別紐付けが実務上困難であり，振当処理の適用が一般的に困難であること
- ヘッジ手段の為替予約等の時価評価差額には金利要素が反映されているのに対し，外貨建金銭債権債務等の換算差額には金利要素が反映されないことから，損益の計上時期は厳密には一致せず，銀行業では当該金利要素部分の差異が巨額になる可能性が高いこと

このような事情を考慮し，以下①～⑤の取扱いを前提として，通貨スワップ取引等にヘッジ会計の適用が認められています。

① ヘッジ手段となる通貨スワップ取引等

ヘッジ手段となる通貨スワップ取引等は，以下の要件をともに満たす必要があります。

- 元本相当額の契約締結時における支払額（受取額）と契約満了時における受取額（支払額）がともに同額であること
- 元本部分と利息部分に適用されるスワップ・レートが合理的なレートである直先フラット型に限ること（ただし，利息相当額の支払日ごとにその時点の実勢為替相場を反映して一方の通貨の元本相当額を更改する通貨ス

ワップ契約については，各利払期間ごとに直先フラットであるかどうかを判定します）

また，ヘッジ手段となる資金関連スワップ取引については，以下のような区分記帳・区分管理を実施することとされています。

- 資金関連スワップ取引の直物為替取引および先物為替取引を他の為替取引と区分記帳すること
- 直物為替と先物為替の通貨ごとのキャッシュ・フローの差額は利息に相当するものとして識別し，元本相当額および利息相当額を明示した管理表によって明確に区分管理すること

②　ヘッジ対象となる外貨建金銭債権債務等

ヘッジ対象となる外貨建金銭債権債務等は，原則として，利息等の収益または費用が発生主義により認識される金融商品に限定されます。これは，下記**図表3-37-1**の3つ目の要件が，通貨スワップ取引等の契約締結時から契約満了時までの元本相当額の直物為替持高への計上および利息相当額の発生主義に基づく直物為替持高への計上によって，外貨建金銭債権債務等の為替相場変動による損失の可能性を減殺することを考慮したものだからです。

③　ヘッジ取引時の要件

図表3-37-1の要件をすべて満たす場合には，ヘッジ取引時の要件を満たすものとされています。

図表3-37-1　ヘッジ取引時の要件

1	ヘッジするリスクを，外貨建金銭債権債務等に係る為替相場変動リスクに限定し，当該外貨建金銭債権債務等をヘッジ対象，通貨スワップ取引等をヘッジ手段として指定すること
2	ヘッジ手段の残存期間を通じて，ヘッジ手段の元本相当額を上回る外貨建金銭債権債務等の元本（時価評価されるものについては時価評価額）が存在することが合理的に見込まれること
3	ヘッジ手段の残存期間を通じて，ヘッジ手段の発生主義に基づく利息相当額を上回る外貨建金銭債権債務等の発生主義に基づく利息が存在することが合理的に見込まれること

上記の方法のほか，通貨スワップ取引等と外貨建金銭債権債務等を取引時に紐付けする個別ヘッジの方法も認められていますが，その場合には上記要件に加え，通貨スワップ取引等と紐付けされている外貨資金取引との期日の相違が，２営業日（いずれか一方の通貨国の銀行休業日は除く）以内であることが必要とされています。

④ ヘッジ会計の方法

ヘッジ会計の方法は，繰延ヘッジによることになります。具体的な会計処理は，次のとおりになります。

(a) ヘッジ手段の損益および評価差額のうち，利息相当額については，その基礎となる期間にわたって発生主義により損益を認識する。

(b) ヘッジ手段の評価差額のうち，元本相当額の決算日までの直物為替相場の変動による額は，当期の損益として処理する。

(c) ヘッジ手段の評価差額のうち，上記(a)および(b)以外の金額を繰り延べる。

なお，その他有価証券に区分されている外貨建債券をヘッジ対象に含める場合には，外貨建債券について，外国通貨による時価を決算時の為替相場で換算した金額のうち，外国通貨による時価の変動に係る換算差額を評価差額とし，それ以外の換算差額については為替差損益として処理する方法を採用するものとされています。

⑤ ヘッジ会計の中止・終了

ヘッジ手段として指定した通貨スワップ取引等の解約および反対取引等によるヘッジ指定の解除は，取引相手の信用状態の著しい悪化等，通貨スワップ取引等の保有者である銀行自身に起因しないやむを得ない事情が生じた場合に限定されています。

上記以外の事由によりヘッジ手段として指定した通貨スワップ取引等の解約または反対取引等によるヘッジ指定の解除を行った場合は，ヘッジ手段として指定した残りのすべての通貨スワップ取引等のヘッジ指定を解除しなければならないとされており，加えて，当該事業年度を含む２事業年度においては，業種別委員会実務指針第25号「銀行業における外貨建取引等の会計処理に関する会計上及び監査上の取扱い」(以下,「業種別委員会実務指針第25号」という)によるヘッジ会計を適用することはできないとされています(業種別委員会実務指針第25号 2.(5))。

(3) LIBORを参照する金融商品に関するヘッジ会計の取扱い

業種別委員会実務指針第25号は,実務対応報告第40号「LIBORを参照する金融商品に関するヘッジ会計の取扱い」(以下,「実務対応報告第40号」という)が公表されたことを踏まえて改正されました。業種別委員会実務指針第25号と実務対応報告第40号との関係は,**図表3-37-2**のとおりです。

図表3-37-2　業種別委員会実務指針第25号と実務対応報告第40号との関係

	業種別委員会実務指針第25号 「5. LIBORを参照する外貨建取引等に関するヘッジ会計の取扱い」		実務対応報告第40号関連条項
③ ヘッジ取引時の要件	5.(2) ヘッジ取引時の要件	【金利指標置換前】 • 金融商品会計実務指針第162項の予定取引の判断基準の適用にあたっては,ヘッジ対象の金利指標が,金利指標改革の影響を受けずLIBORから変更されないとみなすことができる。	第6項
⑤ ヘッジ会計の中止・終了	5.(3) ヘッジ手段の解約または ヘッジ指定の解除	【金利指標置換前・置換時・置換後】 • 金利指標改革に起因する契約条件の変更または切替は,「銀行自身に起因しないやむを得ない事情」に含まれるとすることができる。	第27項

※「5. LIBORを参照する外貨建取引等に関するヘッジ会計の取扱い」の適用にあたっては,ヘッジ関係ごとにその適用を選択することができます。

Q3-38 非上場デリバティブの時価評価

非上場デリバティブ取引を時価評価する場合，時価の算定において留意する事項にはどのようなものがありますか。

Answer Point

- 金融商品実務指針の改正により，一部のデリバティブについて，取得価額により貸借対照表価額とする取扱いは廃止されました。
- クレジット・デリバティブやウェザー・デリバティブ等についても時価を算定する必要があります。

(1) 非上場デリバティブの時価評価の必要性

2019年７月改正前の金融商品実務指針第104項においては，取引慣行が成熟していないため内容が定まっていない一部のクレジット・デリバティブやウェザー・デリバティブなど，時価を把握することが極めて困難なデリバティブ取引は，取得価額により貸借対照表価額とすることが定められていました。また，改正前の金融商品実務指針第138項においては，時価を把握することが極めて困難なクレジット・デフォルト・オプションは，債務保証に準じて処理することが定められていました。

しかしながら，金融商品の時価に関するガイダンスとして，時価算定会計基準および時価算定適用指針等（以下，「時価算定会計基準等」という）が公表されたことに伴い，金融商品会計基準等が改正され，取得価額により貸借対照表価額とする定めは削除されています。このため，すべてのデリバティブ取引に関して，時価を算定することが必要となります。

これは，時価算定会計基準等における時価の定義に基づくと，時価の算定日において秩序ある取引が行われると想定される観察可能な市場がなくとも，市場参加者間で資産が売却または負債が移転される取引を仮定して，資産または負債の時価を算定することになるためです。この際に，具体的な市場参加者を識別する必要はありませんが，潜在的な市場参加者の特性を検討することになると考えられます。さらに，資産を売却するために受け取る金額を最大化する，または負債を移転するために支払う金額を最小化する取引において，市場参加者が設定する仮定を識別することになります。

仮定を設定する際には，企業自身の仮定を出発点とし，たとえば，市場参加者の仮定を反映した成長率とリスク調整，業績とリスクの指標（たとえば，延滞，債務不履行や金利）など，資産または負債に特有の要因についての調整を行うことになります。

(2) クレジット・デリバティブ

クレジット・デリバティブの代表的な例としては，国や企業等を参照体と定め，参照体に特定の信用事由（たとえば，破産，支払不履行などであり，契約に応じて定められている）が生じた場合に，あらかじめ定められた算定方法に従い，キャッシュ・フローを受け取る，または支払う取引である，クレジット・デフォルト・スワップ（以下，「CDS」という）があります。信用事由発生時には，国際スワップ・デリバティブ協会でオークションが行われ，通常は，そこで決定した回収価格に相当する最終価格を使用して，契約に応じて定められたキャッシュ・フローの金額を確定させます。

インターバンク市場では，たとえば，A社について信用事由が生じた場合，その時点で当初価格と最終価格の差分に相当する金額(損失額に相当する金額)を受け取り取引が終了となる代わりに，信用事由が生じるまでは信用事由が生じなければ定期的に支払う前提での分割プレミアムが提示され取引されます。このプレミアムは「CDSスプレッド」と呼ばれています。

(3) ウェザー・デリバティブ

ウェザー・デリバティブ（天候デリバティブ）は，地震や猛暑，大雨など自然現象に伴うリスクをヘッジするためのデリバティブ取引で，震度，気温，降水量などが一定の条件を満たした場合にキャッシュ・フローが発生します。通常，損失補填性がないことから，保険契約とは区別されることになります。

(4) 非上場デリバティブの時価評価における評価技法

非上場デリバティブの種類別の評価技法例は，**図表3-38**のとおりです。なお，取引相手の金融機関，ブローカー等の第三者から入手した相場価格を時価の算定に用いる場合には，原則として，当該相場価格が時価算定会計基準等に従って算定されたものであると判断することが求められています（時価算定適用指針第18項）。

図表3-38　非上場デリバティブの種類別の評価技法例

区分	種類	評価技法
金利関連	金利スワップ	•市場金利を考慮して算定された将来キャッシュ・フローの割引現在価値。
	想定元本が一定でない金利スワップ	
	テナー・ベーシス・スワップ	
通貨関連	為替予約	•為替レートと市場金利を考慮して算定された将来キャッシュ・フローの割引現在価値。
	通貨スワップ	
	クーポン・スワップ	
	通貨オプション	•オプション価格モデルを利用して算定された将来キャッシュ・フローの割引現在価値。
株式関連	株式先渡取引	•先渡価格や，配当と市場金利を考慮して算定された将来キャッシュ・フローの割引現在価値。
	トータル・リターン・スワップ	
	株式オプション	•オプション価格モデルを利用して算定された将来キャッシュ・フローの割引現在価値。
	新株予約権	•株式のコール・オプションであることから，株式オプションと同様と考えられる。 ただし，さまざまな条件が付されていることがあるため，留意が必要。
その他	CDS	•CDSスプレッドを利用して算定された将来キャッシュ・フローの割引現在価値。
	ウェザー・デリバティブ	•契約で参照している事象の発生可能性や，類似している契約の取引価格などを参考にした，将来キャッシュ・フローの割引現在価値。

（出所：有限責任監査法人トーマツ『金融商品の「時価」の会計実務－算定方法と開示』（中央経済社，2020年）97～147頁より作成）

(5) 信用評価調整

改正前の金融商品実務指針第293項において，非上場デリバティブ取引は相対取引であるため，企業自体の信用リスクおよび取引相手の信用リスクは，原則として時価評価にあたって加味する必要があるとされていました。ただし，実務上困難な場合には，重要性があると認められる場合を除いて，これらを加味しないことができるとされていました。当該定めは，改正に伴い削除されており，非上場デリバティブの時価評価においても信用評価調整が求められます。

なお，企業が特定の取引相手先に対し正味信用リスク・エクスポージャーを有する（企業が特定の取引相手先に対し純額の債権を有する）場合は，CVA（Credit Valuation Adjustment）またはポジティブCVAといいます。反対に，特定の取引相手先が企業に対し正味信用リスク・エクスポージャーを有する（企業が特定の取引相手先に対し純額の債務を有する）場合は，DVA（Debit Valuation Adjustment）またはネガティブCVAといいます。

Q3-39 金融資産と金融負債の相殺表示

金融資産・金融負債はどのような場合に相殺表示することができるのでしょうか。

Answer Point

- 通常の金銭債権債務では，一定の要件を満たした場合に資産・負債の相殺表示が認められています。
- デリバティブ取引では，法的に有効なマスターネッティング契約が締結されている場合には相殺表示が認められています。

(1) 通常の金銭債権債務の場合

金融資産と金融負債は，貸借対照表において総額で表示することが原則とされています。たとえば，同一取引先に対する金融資産100，金融負債80を識別している場合，金融資産･金融負債をそれぞれ総額で貸借対照表に計上します。

しかしながら，同一相手先と多数の取引があり，契約ごとの金銭債権と金銭債務を総額表示するといたずらに総資産額が大きく表示される場合があることから，金融商品実務指針第140項において，**図表3-39-1**に挙げるすべての要件を満たした場合に相殺表示することが認められています。

図表3-39-1　相殺表示の要件

	要　件	補　足
①	同一の相手先に対する金銭債権と金銭債務であること	たとえば，債務者への貸出金と同一債務者からの預金が該当します。
②	相殺が法的に有効で，企業が相殺する能力を有すること	当事者の債務不履行等がない場合であっても，金銭債権の相殺によって，会社の有する金銭債務の一部または全部を決済することが法律上問題ないことを指します。
③	企業が相殺して決済する意思を有すること	実際に金銭債務の決済時に，金銭債権と相殺して純額決済する意思を有することを指します。

(2) デリバティブ取引におけるマスターネッティング契約

デリバティブ取引を実施する際，マスターネッティング契約（1つの契約について債務不履行等の一括清算事由が生じた場合に，契約の対象となるすべての取引について，単一通貨の純額で決済することとする契約）を締結することがあります。法的に有効な上記契約が締結されている場合，経営破綻先に対する債権は自らの債務額まで回収されたものとなります。そのため，前述の例のような取引先が経営破綻した場合，そのエクスポージャーは100ではなく債権債務相殺後の純額の20となります。

このような信用リスク軽減のためのマスターネッティング契約の効果を貸借対照表に反映させるために，デリバティブ取引の時価評価による金融資産と金融負債については，債権・債務として未確定で，債務不履行等がない限り相殺して決済する意思がない場合であっても，法的に有効なマスターネッティング契約を前提として，その適用範囲内での相殺表示が認められています（**図表3-39-2**参照）。現状では，たとえば，ISDA（国際証券スワップ・デリバティブズ協会）のマスターネッティング契約が該当します。

さらに，上場デリバティブ取引の時価評価による金融資産と金融負債についても，同一の取引種類ごとに，取引所単位での相殺表示ができると考えられています（金融商品実務指針第312項）。

図表3-39-2　法的に有効なマスターネッティング契約が存在

★下記デリバティブ商品が契約適用対象であることが前提

借方	貸方	
金融資産（金利スワップ）80	金融負債（通貨オプション）80	相殺表示
金融資産（金利スワップ）20		最大信用リスク額

Q3-40 資産のグルーピングの方法

資産のグルーピングはどのようにして決定すればいいですか。

Answer Point

- 複数の資産が一体となって独立したキャッシュ・フローを生み出す場合には，減損損失を認識するかどうかの判定に際して，資産のグルーピングを行う必要があります。
- 資産のグルーピングは，他の資産または資産グループのキャッシュ・フローからおおむね独立したキャッシュ・フローを生み出す最小単位で行う必要があります。
- 資産と対応して継続的に収支の把握がなされている単位を識別し，グルーピングの単位を把握する基礎とします。

(1) 資産のグルーピングとは

資産のグルーピングとは，減損損失を認識するかどうかの判定と減損損失の測定において適用する資産または資産グループを決定することです。資産のグルーピングは，他の資産または資産グループのキャッシュ・フローから概ね独立したキャッシュ・フローを生み出す最小の単位で行うことが求められ，企業は，経営の実態が適切に反映されるよう配慮してグルーピングを行う必要があります。

(2) グルーピングの決定方法

複数の資産が一体となって独立したキャッシュ・フローを生み出す場合には，合理的な範囲で資産のグルーピングを行う必要があります（固定資産の減損に係る会計基準（以下，「減損会計基準」という）二.6 (1))。

実務的には，管理会計上の区分や投資の意思決定を行う際の単位等を考慮してグルーピングの方法を定めることとなります。たとえば，店舗などの資産と対応して継続的に収支の把握がなされている単位を識別し，グルーピングの単位を決定する基礎とします。継続的な収支の把握にあたって，収支は必ずしも企業の外部との間で直接的にキャッシュ・フローが生じている必要はなく，合理的なものであれば内部振替価額や共通費の配分額も含まれます。

また，グルーピングの単位を決定するに際しては，製品やサービスの性質，市場などの類似性等によってキャッシュ・イン・フローの生成にあたり他の単位と相互補完的であるかどうかなどを考慮する必要があります（企業会計基準適用指針第6号「固定資産の減損に係る会計基準の適用指針」(以下，「減損適用指針」という）第7項 (2))。銀行業においては，貸出業務や預金業務を行う営業店のほか，本部に属する市場部門などの資金運用を行う部門等についてもキャッシュ・フローを生成している点に特徴があることから，このような特性を考慮して，キャッシュ・フローの生成単位を決定し，適切なグルーピングを行う必要があります。

なお，資産のグルーピングは，事実関係が変化した場合を除き，翌期以降の会計期間にも継続的に適用することが求められています（減損適用指針第9項)。

銀行業においては，収益管理として，勘定系システムデータに基づく店舗別の業績数値をベースに管理会計を構築しているケースが主流であり，店舗単位で継続的に業績評価が行われてきました。昨今，地域における人口減少と低金利を背景に銀行ビジネスが変化し，エリア制やブロック単位などとよばれる複数の店舗を集約した営業の単位を設定するなど，店舗群の設定や管理会計の区分の見直しが行われているケースがあります。

このような場合に，店舗群ごとに人員の配置や業績評価が行われている実績が存在しており，融資店や預金店等といったエリア内での役割が明確にされている場合など，店舗群内のキャッシュ・イン・フローがそれぞれ相互補完的な影響を及ぼしていることが明らかな場合において，店舗群別にグルーピングをすることも認められると考えられます。当該管理会計上の区分の変更等の事実関係の変化によるグルーピングの変更は，会計方針の変更には該当せず，過年度遡及適用の必要はないと考えられます（減損適用指針第74項）。

なお，物理的な１つの資産がグルーピングの単位を決定する基礎になるため，原則として１棟の建物を細分化して減損処理の対象とすることはありません。たとえば，本社建物の１階に本店営業部があり，本部と本店営業部の切り分けが困難な場合において，建物を細分化せずに全体を共用資産と扱うことも考えられます。ただし，本社ビルの一部分を外部へ賃貸するような場合，本社ビルの一部分であっても，賃貸部分だけ仕様が異なる等により，複数からなる資産と考えられる場合もあります（減損適用指針第70項（1））。

(3) 共用資産

共用資産とは，複数の資産または資産グループの将来キャッシュ・フローの生成に寄与する資産のうち，のれん以外のものをいいます（減損会計基準注解（注１）５.）。本社建物や基幹システム等の全社的な資産のみならず，複数の資産または資産グループに係る福利厚生施設等も該当します。

(4) 資産グループに認識された減損損失の会計処理

減損会計にあたっては，グルーピングされた資産または資産グループごとに減損の兆候，認識，測定の判断を行います。

資産グループについて認識された減損損失は，帳簿価額に基づく比例配分等の合理的な方法により，当該資産グループの各構成資産に配分し，会計処理されます（減損会計基準二.６（2））。

図表3-40　資産グループピングから会計処理までの流れ

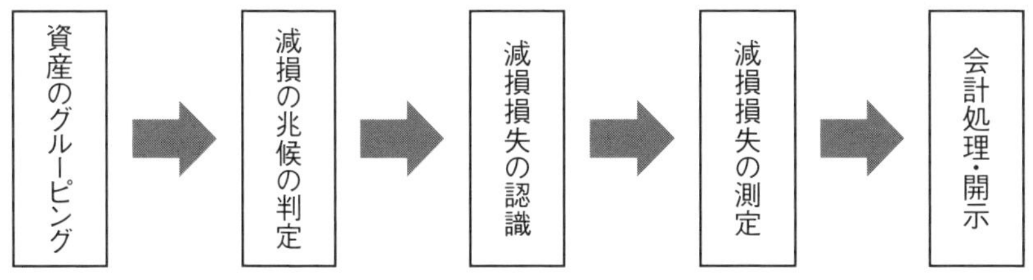

Q3-41 減損の兆候の判定と減損損失の認識

減損の兆候の判定に用いられる「営業活動から生じる損益」や減損の認識や測定に用いられる「将来キャッシュ・フロー」の見積りにおける留意点，特に本社費等の間接的な支出の取扱いについて教えてください。

Answer Point

- 減損の兆候の判定に用いられる「営業活動から生じる損益またはキャッシュ・フロー」の把握は，基本的に企業が行う管理会計上の損益区分に基づいて行われます。その際，本社費等の間接的な費用または支出は「営業活動から生ずる損益またはキャッシュ・フロー」に含まれることに留意する必要があります。
- 将来キャッシュ・フローは企業に固有の事情を反映した合理的で説明可能な仮定および予測に基づいて見積られます。資産または資産グループの将来キャッシュ・フローの見積りに際しても，直接的なキャッシュ・フローのみならず，当該資産または資産グループが将来キャッシュ・フローを生み出すために必要な本社費等の間接的な支出等は控除されることとなります。

(1) 減損の兆候

減損の兆候は，資産または資産グループに減損が生じている可能性を示す事象であり，当該資産または資産グループの回収可能価額を著しく低下させる変化が生ずる見込みである場合も該当します。

固定資産の減損に係る会計基準の適用指針においては，減損の兆候の例示として以下の事象が示されています。

①　資産または資産グループが使用されている営業活動から生ずる損益またはキャッシュ・フローが，継続してマイナスとなっているか，あるいは，継続してマイナスとなる見込みであること

②　資産または資産グループが使用されている範囲または方法について，当該資産または資産グループの回収可能価額を著しく低下させる変化が生じたか，あるいは，生ずる見込みであること

③　資産または資産グループが使用されている事業に関連して，経営環境が著しく悪化したか，あるいは，悪化する見込みであること

④　資産または資産グループの市場価格が著しく下落したこと

たとえば，営業店の廃止や統廃合など資産または資産グループが使用されている事業を廃止または再編成することは，上記②の当該資産または資産グループの回収可能価額を著しく低下させる変化が生じたか，または生ずる見込みである場合に該当します。この場合，減損の兆候は実際に変化が生じた場合のみならず，取締役会等の決定権限者の承認の時点で減損の兆候となると考えられます（企業会計基準適用指針第６号「固定資産の減損に係る会計基準の適用指針」（以下，「減損適用指針」という）第82項）。

固定資産の減損に係る会計基準（以下，「減損会計基準」という）二１．①における「営業活動から生ずる損益」は，営業上の取引に関連して生ずる損益であり，減損の兆候の把握には「営業活動から生ずる損益」によることが適切ではありますが，管理会計上，「営業活動から生ずるキャッシュ・フロー」だけを用いている場合には，それを用いることも可能とされています（減損適用指針第80項）。「営業活動から生ずる損益」には，当該資産または資産グループの減価償却費や本社費等の間接的に生ずる費用が含まれます（減損適用指針第12項（1））。

本社費等の間接的な支出の取扱いについては **(3)** で詳しく説明しますが，実務上，「営業活動から生ずる損益」は，このような考え方を反映した管理会計上の損益区分に基づいて行われるものと考えられています。資産または資産グループの管理会計の損益を用いるにあたり，預金店舗と貸出店舗や市場部門等で内部的な資金調達と資金融通を擬制して損益管理を行っている場合や本部

共通費を配分している場合には，配分に用いられる仕切りレートや共通費の配賦基準の設定等は政策的な決定が可能なため，その合理性が重要となります（**図表3-41-1**，**図表3-41-2**）。

また，銀行業では貸出金等に係る信用リスク見合いとして一般貸倒引当金や個別貸倒引当金が計上されますが，当該費用はいずれも貸出金利息を獲得するために必要なコストであることから，「営業活動から生ずる損益」に含まれることになると考えられます。

図表3-41-1　資金融通による損益調整

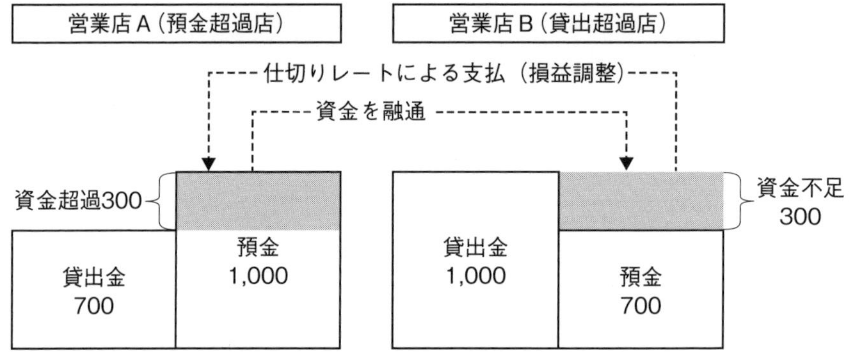

図表3-41-2　共通費の配分

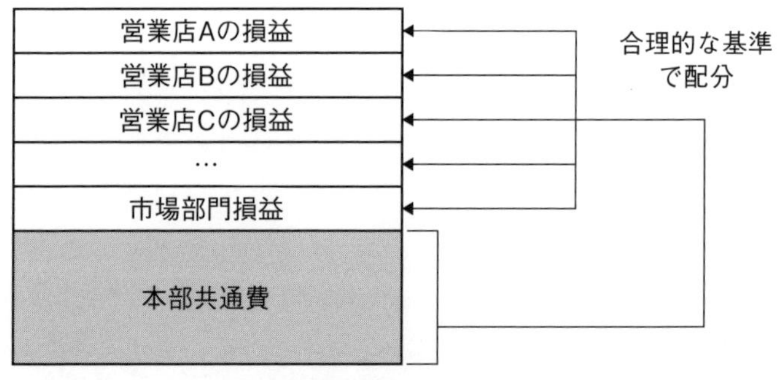

※各営業店および市場部門の利用する資産または資産グループを独立したキャッシュ・フローを生み出す最小の単位とする場合

(2) 減損損失の認識

減損の兆候があると判断した資産または資産グループについて，資産または資産グループから得られる割引前将来キャッシュ・フローの総額と帳簿価額を比較し，割引前将来キャッシュ・フローの総額が帳簿価額を下回る場合には，減損損失を認識します（減損会計基準二．２（1））。

割引前将来キャッシュ・フローを見積る期間は，資産の経済的残存使用年数または資産グループ中の主要な資産の経済的残存使用年数と20年のいずれか短い方とします（減損会計基準二．２（2））。見積られる将来キャッシュ・フローおよび使用価値の算定において見積られる将来キャッシュ・フローは，企業に固有の事情を反映した合理的で説明可能な仮定および予測に基づいて見積り，資産または資産グループの現在の使用状況および合理的な使用計画等を考慮する必要があります。なお，資産または資産グループの現在の価値を維持するための更新投資等の，合理的な設備投資に関する将来キャッシュ・フローは見積りに含まれることに留意する必要があります（減損適用指針第38項（2））。

(3) 本社費等の間接的な支出の取扱い

資産または資産グループに関連して間接的に生ずる支出は，関連する資産または資産グループに合理的な方法により配分し，当該資産または資産グループの将来キャッシュ・フローの見積りに際し控除します（減損適用指針第121項）。また，減損の兆候判定に用いられる「営業活動から生じる損益」の把握にあたっても，その整合性を図るため，本社費等の間接的な費用または支出は「営業活動から生ずる損益またはキャッシュ・フロー」に含まれることに留意する必要があります。

たとえば，管理会計は，経営の意思決定や業績評価等の経営管理に役立てることを目的としており，その目的に応じて算定が行われるものであることから，「本社費等の間接費の支出」の一部が営業店の損益に配分されない場合があります。配分されていない「本社費等の間接費の支出」が資産または資産グループが将来キャッシュ・フローを生み出すために必要な支出である場合には，原則として管理会計の損益の修正を行う必要があります。

なお，市場部門の利用する資産または資産グループが独立したキャッシュ・フローを生み出す最小の単位とならない場合には，市場部門の資金利鞘のみならず，市場部門全体の損益（**図表3-41-2**における市場部門損益）も本部共通費に含めて営業店の損益に合理的に配賦する必要があることに留意します。

この結果，資産または資産グループの減損の兆候判定に用いられた「営業活動から生ずる損益」を合計すると損益計算書における経常利益と近似することが想定されます。

Q3-42　減損損失の測定と回収可能価額

減損損失の測定はどのように実施しますか。

- 減損損失の測定のために，回収可能価額を見積る必要があります。
- 回収可能価額は，売却による回収額である正味売却価額と，使用による回収額である使用価値のいずれか高い方の金額です。
- 減損損失を認識すべきであると判定された資産または資産グループについて，帳簿価額を回収可能価額まで減額し，当該減少額を減損損失として当期の特別損失として計上します。

(1) 減損損失の測定とは

減損損失を認識すべきであると判定された資産または資産グループについては，帳簿価額を回収可能価額まで減額し，当該減少額を減損損失として当期の損失とすることとなります（固定資産の減損に係る会計基準（以下，「減損会計基準」という）二．3）。減損損失の測定においては，回収可能価額を見積ることが必要です。

(2) 回収可能価額の見積り

企業は，資産または資産グループに対する投資を売却と使用のいずれかの手段によって回収します。そのため，減損損失の測定にあたっては，売却による回収額である正味売却価額と，使用による回収額である使用価値のいずれか高い方の金額が固定資産の回収可能価額になります。

正味売却価額を算定する際，当該資産または資産グループの時価から処分費用見込額を控除します。時価とは，公正な評価額であり，通常，それは観察可能な市場価格をいいますが，市場価格が観察できない場合には合理的に算定された価額がそれに該当することになります（企業会計基準適用指針第６号「固定資産の減損に係る会計基準の適用指針」第28項)。

資産または資産グループの使用価値とは，当該資産の継続的使用と使用後の処分によって生ずると見込まれる将来キャッシュ・フローの現在価値をいいます。使用価値の算定に際しては，将来キャッシュ・フローがその見積値から乖離するリスクを反映させる必要があります。その方法としては，将来キャッシュ・フローの見積りに反映させる方法と，割引率に反映させる方法があります。

前者を採用した場合には，割引率は貨幣の時間価値だけを反映した無リスクの割引率となり，後者を採用した場合には，割引率は貨幣の時間価値と将来キャッシュ・フローがその見積値から乖離するリスクの両方を反映したものとなります（固定資産の減損に係る会計基準の設定に関する意見書四．２（5))。使用価値の算定において，具体的にどのような割引率を使用するかについては減損会計基準では言及されていませんが，減損会計における使用価値の算定は，企業固有の資産価値の算定であることを考慮すると，企業の資本コスト等を割引率として使用することが適当と考えられます。

使用価値の算定において見積られる将来キャッシュ・フローは，原則として減損損失の認識時に算定する将来キャッシュ・フローと同じものです。また，将来キャッシュ・フローの見積期間は資産または資産グループ中の主要な資産（将来キャッシュ・フロー生成能力にとって最も重要な構成資産）の経済的残存使用年数または20年のいずれか低い方が採用されます。なお，資産または資産グループ中の主要な資産の経済的残存使用年数が20年を超える場合は，21年目以降に見込まれる将来キャッシュ・フローに基づいて算定された20年経過時点における資産の回収可能価額（正味売却価額と使用価値のいずれか高い方の金額）を，将来キャッシュ・フローに加算します。

(3) 減損損失の会計処理

減損損失を認識すべきであると判定された資産または資産グループについては，帳簿価額を回収可能価額まで減額し，当該減少額を減損損失として当期の損失として計上します。

なお，減損損失は，固定資産売却損などと同様に，固定資産に関する臨時的な損失であるため，原則として，特別損失とします（減損会計基準四．２）。

Q3-43 時価算定会計基準等の概要と留意すべき事項

時価算定会計基準等の概要と留意すべき事項について教えてください。

Answer Point

- 時価の定義として，資産の売却によって受け取る価格または負債の移転のために支払う価格（すなわち，出口価格）であることが明記されており，市場参加者の目線が重視されます。
- IFRS第13号「公正価値測定」とほぼ同様の詳細なガイダンスが含まれており，原則として，2021年4月1日以後開始する連結会計年度および事業年度の期首から適用されています。
- 金融商品会計基準・金融商品時価開示適用指針などにおける時価の算定は，時価算定会計基準に従うことになります。

(1) 公表経緯と適用時期

わが国においては，金融商品会計基準等において時価（公正価値，(2) 参照）の算定が求められていたものの，時価の算定に関する詳細なガイダンスは存在していませんでした。一方，国際財務報告基準（IFRS）においてはIFRS第13号「公正価値測定」（以下，「IFRS第13号」という），米国会計基準においてはAccounting Standards Codification Topic 820「公正価値測定」という公正価値測定に関するほぼ同じ内容の詳細なガイダンスがあり，日本基準を国際的に整合性のあるものとするため，2019年７月４日に，企業会計基準第30号「時価の算定に関する会計基準」（以下，「時価算定会計基準」という）等が公表されました。原則として，2021年４月１日以後開始する連結会計年度および事業年度の期首から適用されています。

(2) 基本的な考え方と範囲

基本的には，IFRS第13号の定めがすべて取り入れられています。ただし，これまでわが国で行われてきた実務等に配慮し，個別項目に対するその他の取扱いも定めています（時価算定会計基準第24項および第25項)。また，わが国の会社法等において「公正価値」ではなく「時価」という用語が広く用いられていること等に配慮し，「時価」という用語を用いています。

時価算定会計基準等は，①金融商品会計基準における金融商品，②棚卸資産会計基準におけるトレーディング目的で保有する棚卸資産の項目の時価に適用されます。銀行等においては，金融資産および金融負債が総資産および総負債の大部分を占めるため，留意する必要があります。

(3) 時価の定義

「時価」とは，算定日において市場参加者間で秩序ある取引が行われると想定した場合の，当該取引における資産の売却によって受け取る価格または負債の移転のために支払う価格をいうとされています（時価算定会計基準第５項および金融商品会計基準第６項)。この定義は，直接観察可能であるかどうかにかかわらず，算定日における市場参加者間の秩序ある取引が行われると想定した場合の出口価格（資産の売却によって受け取る価格または負債の移転のために支払う価格）であり，入口価格（交換取引において資産を取得するために支払った価格または負債を引き受けるために受け取った価格）ではないという点がポイントです。

改正前の金融商品時価開示適用指針「参考（開示例)」には，「元利金の合計額を同様の新規貸付を行った場合に想定される利率で割り引いて時価を算定している」など，入口価格としての時価の算定方法が示されていましたが，時価算定会計基準の設定に伴い，時価は出口価格であることが明確化されました。

同一の資産または負債に関する相場価格が観察できない場合に用いる評価技法には，関連性のある観察可能なインプットを最大限利用し，観察できないインプットの利用を最小限にすることが求められます（「インプット」についてはQ3-44参照)。

時価算定会計基準の下では，市場参加者が算定日において資産または負債の時価を算定する際に考慮する当該資産または負債の特性を考慮することが明確にされており（時価算定適用指針第4項（1)），取引相手方の信用リスクや自己の信用リスクを考慮することが必要と考えられます。非上場デリバティブの時価評価における信用リスクの考慮については，Q3-38をご参照ください。

なお，時価の定義の変更に伴い，2019年改正前の金融商品会計基準におけるその他有価証券の期末の貸借対照表価額に期末前1カ月の市場価格の平均に基づいて算定された価額を用いることができる定めについては，当該価額が改正された時価の定義を満たさないことから削除されました（Q3-5参照)。

(4) 時価の算定単位

資産または負債の時価を算定する単位は，それぞれの対象となる資産または負債に適用される会計処理または開示によるものとされています。このため，たとえば金融商品について金融商品会計基準に定められる方法により会計処理される場合には，その単位となります。

しかし，たとえば，デリバティブ取引などについて，一定の要件（**図表3-43-1**参照）を満たす場合には，特定の市場リスク（市場価格の変動に係るリスク）または特定の取引相手先の信用リスク（取引相手先の契約不履行に係るリスク）に関して金融資産および金融負債を相殺した後の正味の資産または負債を基礎として，当該金融資産および金融負債のグループを単位とした時価を算定することができます（時価算定会計基準第7項)。

たとえば，デリバティブを大量に保有する企業において，同一の基礎リスクを有するデリバティブ取引の買契約（ロング）と売契約（ショート）双方の時価を，買呼値と売呼値の仲値を用いて算定し，算定日に買契約が売契約を超過するとき（ネット・ロング・ポジション）には，当該超過した部分（オープン・ポジション）を買呼値に，売契約が買契約を超過するとき（ネット・ショート・ポジション）には，当該超過した部分（オープン・ポジション）を売呼値に調整する方法が考えられます。

図表3-43-1　時価算定会計基準第７項における一定の要件

①	企業の文書化したリスク管理戦略または投資戦略に従って，特定の市場リスクまたは特定の取引相手先の信用リスクに関する正味の資産または負債に基づき，当該金融資産および金融負債のグループを管理していること
②	当該金融資産および金融負債のグループに関する情報を企業の役員に提供していること
③	当該金融資産および金融負債を各決算日の貸借対照表において時価評価していること
④	特定の市場リスクに関連して本項の定めに従う場合には，当該金融資産および金融負債のグループの中で企業がさらされている市場リスクがほぼ同一であり，かつ，当該金融資産および金融負債から生じる特定の市場リスクにさらされている期間がほぼ同一であること
⑤	特定の取引相手先の信用リスクに関連して本項の定めに従う場合には，債務不履行の発生時において信用リスクのポジションを軽減する既存の取決め（たとえば，取引相手先とのマスターネッティング契約や，当事者の信用リスクに対する正味の資産または負債に基づき担保を授受する契約）が法的に強制される可能性についての市場参加者の予想を時価に反映すること

（5）第三者から入手した相場価格の利用

時価算定適用指針では，取引相手の金融機関，ブローカー，情報ベンダー等，第三者から入手した相場価格（以下，「第三者価格」という）が時価算定会計基準に従って算定されたものであると判断する場合には，当該価格を時価の算定に用いることができると定めています（時価算定適用指針第24項）。

時価算定会計基準に従って算定されたものであるかどうかを判断するにあたっては，たとえば，**図表3-43-2**のような手続を実施することが考えられます。なお，これらは状況に応じて選択して実施するものであり，また，その他の手続によることも考えられます（時価算定適用指針第43項）。

図表3-43-2　第三者価格の利用にあたり実施する手続の例示

①	第三者から入手した価格と企業が計算した推定値とを比較し検討する。
②	他の第三者から入手した価格と当該第三者から入手した価格とを比較し検討する。
③	第三者が時価を算定する過程で，会計基準に従った算定（インプットが算定日の市場の状況を表しているか，観察可能なものが優先して利用されているか，また，評価技法がそのインプットを十分に利用できるものであるかなど）がなされているかを確認する。
④	企業が保有しているかどうかにかかわらず，会計基準に従って算定されている類似銘柄（同じアセットクラスであり，かつ同格付銘柄など）の価格と比較する。
⑤	過去に会計基準に従って算定されていると確認した当該金融商品の価格の時系列推移の分析など商品の性質に合わせた分析を行う。

第三者価格を利用する保有商品の規模やリスク，財務諸表全体に占める重要性は，各銀行で異なることから，求められる手続の水準は異なりますが，考慮することが望ましいと考えられる留意すべき着眼点の例示は，**図表3-43-3**のとおりです（業種別研究報告第13号Q9-1Aに監査上の留意事項として記載されていますが，財務諸表作成者が留意すべき事項でもあります）。

図表3-43-3　第三者価格の利用に際して考慮することが望ましい着眼点の例示

第三者価格の特性の理解	ブローカーや外部ベンダーに対して，評価技法およびインプット等の内容に係る情報の提供を求め，第三者価格の特性を理解しているか。
手続の適切性，適時性	第三者価格の特性に応じて，適切な手続を状況に応じて選択し，適時に実施しているか。
第三者価格の管理体制の整備	利用する第三者価格は適切に管理され，新たな第三者価格の採用時および第三者価格の算定方法の変更時における承認体制が整備されているか。
評価調整の要否の検討	流動性リスクや価格評価モデルの不確実性リスク等につき，評価調整の必要性が適切に検討されているか。

また，2021年６月17日に改正企業会計基準適用指針第31号「時価の算定に関する会計基準の適用指針）（以下，「改正時価算定適用指針」という）が公表され，主に投資信託について，第三者から入手した相場価格が会計基準に従って

算定されたものであると判断することについて関連する規定が改正されています。改正時価算定適用指針は，2022年４月１日以後開始する連結会計年度および事業年度の期首から適用されます。投資信託の時価の算定に関する取扱いの概要はQ3-14を参照してください。

(6) 時価を把握することが極めて困難と認められる金融商品の取扱い

時価算定会計基準においては，たとえ観察可能なインプットを入手できない場合であっても，入手できる最良の情報に基づく観察できないインプットを用いて時価を算定することとしています。このような時価の考え方の下では，時価を把握することが極めて困難と認められる金融商品は想定されないことから，時価を把握することが極めて困難と認められることをもって，時価の算定を免除する取扱いはなくなりました（金融商品会計基準第81-２項）。

ただし，市場価格のない株式等に関しては，たとえ何らかの方式により価額の算定が可能としても，それを時価とはしないとする時価算定会計基準設定前の考え方が踏襲されています（金融商品会計基準第81-２項）。

一方，市場価格のない株式等に含まれない金融商品については，時価をもって貸借対照表価額とすることや，時価を注記することが求められる場合，時価を算定しなければならないことになります（Q3-6参照）。

(7) 開　示

時価算定会計基準の設定に関連し，基本的にはIFRS第13号「公正価値測定」（Q5-4参照）の開示項目との整合性を図り，Q3-44で解説される時価のレベルごとの残高や評価技法，インプットの説明等について開示の拡充が図られました（金融商品時価開示適用指針およびQ3-45参照）。IFRS第13号の一部の開示項目（レベル１の時価とレベル２の時価との間のすべての振替額およびその振替の理由やレベル３の時価について観察できないインプットを合理的に考えうる代替的な仮定に変更した場合の影響）についてはコストと便益を考慮して取り入れていません。

なお，四半期適用指針では，時価のレベルごとの残高のうち貸借対照表において時価評価する金融商品について，企業集団の事業運営にあたっての重要な項目であり，かつ，前年度末と比較して著しく変動している場合に開示することとしています。

図表3-43-4　金融商品の貸借対照表価額および時価の注記の取扱いの概要

	貸借対照表価額	時価の注記
（1）原則として時価をもって貸借対照表価額とする金融商品（売買目的有価証券，その他有価証券，デリバティブ取引により生じる正味の債権債務など）		
①　②以外（上場株式，通常の債券，デリバティブ取引など）	時価	時価を注記
②　改正前に時価を把握することが極めて困難と認められる金融商品とされていたもの		
②-1　改正後における「市場価格のない株式等」	取得原価	市場価格のない株式等と注記
②-2　改正前に時価を把握することが極めて困難と認められる金融商品とされていたもののうち，改正後における「市場価格のない株式等」以外のもの		
•社債その他の債券	時価	時価を注記
•社債その他の債券以外の有価証券	時価	時価を注記
•デリバティブ取引	時価	時価を注記
（2）時価をもって貸借対照表価額としない金融商品（債権，満期保有目的の債券，組合等への出資※，金銭債務など）	取得原価等	時価を注記

※　貸借対照表に持分相当額を純額で計上する組合等への出資の時価の注記については，2021年改正前の時価算定適用指針（以下，「2019年時価算定適用指針」という）では，経過措置として，金融商品時価開示適用指針第４項（1）に定める事項の注記（時価の注記）を要しないこととされており，時価の注記を行わない場合には，その取扱いを適用しており時価を注記していない旨および当該取扱いを適用した組合等への出資の貸借対照表計上額の合計額を注記することとされています（2019年時価算定適用指針第27項）。2022年４月１日以後開始する連結会計年度および事業年度の期首から適用する2021年改正の時価算定適用指針（以下，「2021年時価算定適用指針」という）では，連結財務諸表において注記している場合には，個別財務諸表において記載することを要しないとされています（2021年時価算定適用指針第24-16項）。組合等の会計処理については**Q3-12**参照。

Q3-44 時価の算定方法

金融商品の時価は，どのように算定すればよいのでしょうか。また，時価のレベル別分類とはどのようなものでしょうか。

Answer Point

- 時価の算定にあたっては，状況に応じて，十分なデータが利用できる評価技法を用います。
- 評価技法を用いるにあたっては，関連性のある観察可能なインプットを最大限利用することが必要になります。
- 時価は，その算定において重要な影響を与えるインプットが属するレベルに応じて，レベル１の時価，レベル２の時価またはレベル３の時価に分類します。

(1) 時価の算定に用いる評価技法

時価の算定にあたっては，状況に応じて，十分なデータが利用できる評価技法を用いることとされています。評価技法とは，時価の算定のアプローチであり，たとえば，マーケット・アプローチやインカム・アプローチがあります（時価算定会計基準第８項）。図表3-44-1に具体例を示しています。

図表3-44-1　評価技法の具体的なアプローチと技法例（時価算定適用指針第5項）

名称	内容	技法例
マーケット・アプローチ	同一または類似の資産または負債に関する市場取引による価格等のインプットを用いる評価技法	倍率法 マトリックス・プライシング

名称	内容	技法例
インカム・アプローチ	利益やキャッシュ・フロー等の将来の金額に関する現在の市場の期待を割引現在価値で示す評価技法	現在価値技法 オプション価格モデル
コスト・アプローチ	資産の用役能力を再調達するために現在必要な金額に基づく評価技法	—

(2) インプット

インプットとは，市場参加者が資産または負債の時価を算定する際に用いる仮定であり，時価の算定に固有のリスクに関する仮定を含みます。インプットには,「観察可能なインプット」と「観察できないインプット」があります。「観察可能なインプット」とは，入手できる観察可能な市場データに基づくインプットをいい,「観察できないインプット」とは，観察可能な市場データではないものの，入手できる最良の情報に基づくインプットをいいます（時価算定会計基準第4項（5））。

①　レベル1のインプット

レベル1のインプットとは，時価の算定日における活発な市場における相場価格であり調整されていないものをいいます。当該価格は，時価の最適な根拠を提供するものであり，当該価格が利用できる場合には，原則として，当該価格を調整せずに時価の算定に使用します（時価算定会計基準第11項（1））。

活発な市場は，継続的に価格情報が提供される程度に十分な数量および頻度で取引が行われている市場です（時価算定会計基準第4項（6））。活発な市場であるかどうかは，時価を算定する個々の資産または負債の取引が活発であるかどうかということであり，取引される市場全体が活発であるかどうかということではありません。たとえば，取引所の特定の市場は，一律に活発な市場であるか否かが定まるわけではなく，当該市場に上場されている証券銘柄ごとに，継続的に価格情報が提供される程度に十分な数量および頻度で取引が行われているか否かによって，活発な市場であることもあれば，活発でない市場であることもあります。

②　レベル２のインプット

レベル２のインプットとは，直接または間接的に観察可能なインプットのうち，レベル１のインプット以外のインプットをいいます（時価算定会計基準第11項（2））。

③　レベル３のインプット

レベル３のインプットとは，観察できないインプットをいいます。関連性のある観察可能なインプットが入手できない場合に用います（時価算定会計基準第11項（3））。

レベルごとのインプットおよび具体例を**図表3-44-2**に示しています。

図表3-44-2　レベルごとのインプットおよび具体例

分類	インプット		具体例
レベル1	活発な市場	同一の資産/負債に関する（無調整の）相場価格	•取引所で日々売買されている上場株式の相場価格
レベル2		類似の資産/負債に関する相場価格	•債券についてのマトリックス・プライシングを用いて算定する場合の相場価格（類似の資産を大量に保有し，当該資産について活発な市場における相場価格が利用できるが，時価の算定日において相場価格を入手することが困難な場合）
	活発ではない市場	同一/類似の資産/負債に関する相場価格	•継続的に価格情報が提供される程度に十分な数量および頻度で取引が行われていない社債の相場価格
	相場価格以外の観察可能なインプット		•全期間にわたり観察可能なスワップレート
	相関関係等に基づき観察可能な市場データから得られる/当該データに裏づけられるインプット		•観察可能な市場データに裏づけられるインプライド・ボラティリティ

レベル3	観察できないインプット：市場参加者が資産/負債の時価を算定する際に用いる仮定を反映しなければならない	• 観察可能な市場データによる裏づけがないスワップレート • ヒストリカル・ボラティリティ

時価の算定に用いるインプットは，レベル１，レベル２，レベル３の順に優先的に使用する必要があります（時価算定会計基準第11項）。

(3) 時価のレベル別分類

時価は，その算定において重要な影響を与えるインプットが属するレベルに応じて，レベル１の時価，レベル２の時価，レベル３の時価に分類します（時価算定会計基準第12項）。したがって，時価の算定において重要な影響を与えるインプットおよび当該インプットが属するレベルを把握することが必要です。

インプットには，レベル１のインプットのように相場価格を調整せずに時価として用いる場合における相場価格も含まれます（時価算定会計基準第４項(5)）。時価の算定にレベル１のインプットのみが用いられる場合，当該時価はレベル１の時価となります。たとえば，株式の時価の算定において，インプットが活発な市場における当該株式の相場価格，すなわち，レベル１のインプットのみで，当該相場価格を調整せずに使用している場合，その時価はレベル１の時価になります（**図表3-44-3**）。

なお，一定の場合にのみレベル１のインプットに対する調整が認められますが，レベル１のインプットに調整を加えた場合は，その調整に用いられたインプットのレベルによって，レベル２またはレベル３の時価になります（時価算定適用指針第11項）。

時価を算定するために異なるレベルに区分される複数のインプットを用いており，これらのインプットに，時価の算定に重要な影響を与えるインプットが複数含まれる場合，これら重要な影響を与えるインプットが属するレベルのうち，時価の算定における優先順位が最も低いレベルに当該時価を分類します（時価算定会計基準第12項）。たとえば，**図表3-44-3**の右の場合は，重要な影響を与えるインプットが属するレベルのうち，優先順位が最も低いレベルがレベル３であれば，当該時価はレベル３に分類されます。時価のレベルごとの内訳等の開示についてはQ3-45を参照してください。

図表3-44-3　時価のレベルの分類における評価技法とインプットの関係

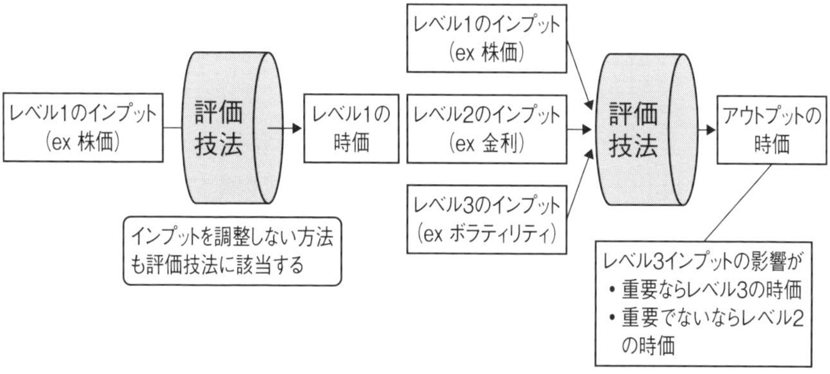

(4) 時価の算定の前提とされる事項

時価を算定するにあたっては，市場参加者が算定日において考慮する資産または負債の特性（たとえば，当該資産の売却に対する制約）を考慮することが必要です（時価算定適用指針第４項（1））。

時価の算定にあたって，対象資産または負債は，現在の市場の状況を踏まえ，算定日に資産の売却または負債の移転を行う市場参加者間の秩序ある取引において交換されるものと仮定します（時価算定適用指針第４項（2））。資産を売却するまたは負債を移転する取引が行われると仮定される主要な市場または最も有利な市場は，企業が算定日において利用できる市場です（時価算定適用指針第４項（3））。

また，主要な市場は，対象となる資産または負債についての取引の数量または頻度に基づいて判断するものであり，特定の市場における企業の取引の数量または頻度に基づいて判断するものではありません（時価算定適用指針第30項（2））。なお，企業が利用できる主要な市場または最も有利な市場は，企業自身の判断に基づいて決定するため，異なる活動を行う企業間では異なる可能性があります（時価算定適用指針第30項（3））。

(5) 負債または払込資本を増加させる金融商品の時価

負債または払込資本を増加させる金融商品については，時価の算定日に市場参加者に移転されるものと仮定して，時価を算定します（時価算定会計基準第14項)。負債の時価の算定にあたっては，負債の不履行リスクの影響を反映します。負債の不履行リスクとは，企業が債務を履行しないリスクであり，企業自身の信用リスクに限られるものではないとされています（時価算定会計基準第15項)。

企業自身の信用リスク以外に負債の不履行リスクに影響を与える要因としては，担保（ノンリコース債務における裏付資産を含む）が挙げられ，負債の時価を算定する際に考慮する負債の特性であると考えられます。また，負債を引き受ける企業（譲受人）の信用リスクを特定しなければ，市場参加者である譲受人の特性を企業がどのように仮定するかによって，当該負債の時価が大きく異なる可能性があることから，負債の不履行リスクについては，当該負債の移転の前後で同一であると仮定することとされています（時価算定会計基準第15項および第44項)。

Q3-45 金融商品の時価開示

金融商品の時価等に関する事項に加えて注記する金融商品の時価のレベルごとの内訳等に関する事項については，どのような開示が求められますか。

Answer Point

- 時価をもって貸借対照表価額とする金融資産および金融負債について，レベル１～３の時価の各合計額の開示が求められます。
- 時価がレベル２の時価またはレベル３の時価に分類される金融資産および金融負債について，時価の算定に用いた評価技法およびインプットの説明の開示が求められます。
- 時価がレベル３の時価に分類される金融資産および金融負債については，期首残高から期末残高への調整表や感応度分析などの開示が求められます。

(1) 金融商品時価開示適用指針の開示の範囲および内容

金融商品会計基準では，**図表3-45-1**に掲げた事項について注記することが求められています（金融商品会計基準第40-２項）。ただし，重要性が乏しいものは注記を省略することができます。なお，連結財務諸表において注記している場合には，個別財務諸表において記載することを要しません（金融商品時価開示適用指針第４項および第５-２項）。

図表3-45-1　金融商品会計基準第40-2項に定められている注記事項

<table>
<tr><td colspan="2">(1) 金融商品の状況に関する事項</td></tr>
<tr><td>① 金融商品の状況に関する事項</td><td>② 金融商品の内容およびそのリスク</td></tr>
<tr><td>③ 金融商品に係るリスク管理体制</td><td>④ 金融商品の時価等に関する事項についての補足説明</td></tr>
<tr><td colspan="2">(2) 金融商品の時価等に関する事項</td></tr>
<tr><td colspan="2">(3) 金融商品の時価のレベルごとの内訳等に関する事項</td></tr>
</table>

上記を適用する際の指針として，金融商品時価開示適用指針が定められています。金融商品時価開示適用指針は，原則として，金融商品会計基準等（金融商品会計基準およびその実務指針や金融商品時価開示適用指針以外の適用指針を含む）が適用されるすべての金融商品について適用されます。したがって，貸付金・借入金等の金銭債権債務は，対象となりますが，保険契約・退職給付債務は，対象外となります。なお，新株予約権など純資産の部に計上されることとなるものについては，金融商品時価開示適用指針を適用しないこととされています（金融商品時価開示適用指針第２項)。

金融商品に関する注記（金融商品会計基準第40-２項）の開示項目の全体像については，**図表3-45-2**を参照ください（金融商品時価開示適用指針「参考（開示例)」「３.金融業」)。

図表3-45-2　**金融商品に関する注記の開示項目**

１．金融商品の状況に関する事項
　(1) 金融商品に対する取組方針
　(2) 金融商品の内容およびそのリスク
　(3) 金融商品に係るリスク管理体制
　　①　信用リスクの管理
　　②　市場リスクの管理 (i) 金利リスクの管理，(ii) 為替リスクの管理等
　　③　資金調達に係る流動性リスクの管理
　(4) 金融商品の時価等に関する事項についての補足説明
２．金融商品の時価等に関する事項
(注1) 有価証券およびデリバティブ取引に関する事項
　(1) 有価証券および投資有価証券
　(2) デリバティブ取引
　　①　ヘッジ会計が適用されていないもの
　　②　ヘッジ会計が適用されているもの
(注2) 市場価格のない株式等
(注3) 金銭債権および満期のある有価証券の連結決算日後の償還予定額
(注4) 社債，長期借入金およびその他の有利子負債の連結決算日後の返済予定額
３．金融商品の時価のレベルごとの内訳等に関する事項
　(1) 時価をもって連結貸借対照表計上額とする金融資産および金融負債
　(2) 時価をもって連結貸借対照表計上額としない金融資産および金融負債
(注1) 時価の算定に用いた評価技法およびインプットの説明
(注2) 時価をもって連結貸借対照表計上額とする金融資産および金融負債のうちレベル３の時価に関する情報
　(1) 重要な観察できないインプットに関する定量的情報
　(2) 期首残高から期末残高への調整表，当期の損益に認識した評価損益
　(3) 時価の評価プロセスの説明
　(4) 重要な観察できないインプットを変化させた場合の時価に対する影響に関する説明

(2) 金融商品の時価等に関する事項

金融商品の時価等に関する事項として注記する事項は，**図表3-45-3**の①～⑥に分けられます（金融商品時価開示適用指針第４項）。

図表3-45-3　金融商品の時価等に関する注記事項

①	金融商品の貸借対照表の科目ごとの時価
②	有価証券に関する保有目的ごとの区分に応じた詳細注記
③	デリバティブ取引に関する詳細注記
④	金銭債権および満期がある有価証券の償還予定額
⑤	社債，長期借入金，リース債務およびその他の有利子負債の返済予定額
⑥	金銭債務に関する任意の追加的注記

その他，市場価格のない株式等については，時価を注記せず，当該金融商品の概要および貸借対照表計上額を注記します。

(3)　当座貸越契約および貸出コミットメントならびに債務保証契約

①　当座貸越契約および貸出コミットメント

当座貸越契約および貸出コミットメントの注記額が資産の総額に対して重要な割合を占め，かつ，契約で示された固定利率で実行される際の時価に重要性がある場合は，その時価を注記することが適当です（金融商品時価開示適用指針第22項）。市場で取引されていない当座貸越契約および貸出コミットメントの時価は，レベル２の時価またはレベル３の時価に分類されるため，時価の算定に用いた評価技法およびインプットの説明を注記することになります。

この場合，時価の算定に用いる評価技法としては，契約期間，極度額または貸出コミットメントの額から借手の実行残高を差し引いた額（未使用枠）の実行可能性，金利，借手の信用リスク，実行する貸出金の条件などを基礎としてシミュレーションモデルを用いた期待値推計を行う方法などが考えられます。しかし，必要な情報を入手することが現実的でない場合，コミットメント・フィー等を決定するにあたり，取引先の信用リスク，金利リスク等が市場参加者の観点から適切に反映されており，算定日の出口価格を表すことができると判断されることを条件に，契約上のコミットメント・フィーの将来キャッシュ・フローと同様の新規契約を実行した場合に想定される将来コミットメント・フィー等のキャッシュ・フローとの差額を割り引いて現在価値を算定する方法により算定することも考えられます（業種別研究報告13号Q4-1A）。

②　債務保証契約

支払承諾および支払承諾見返として貸借対照表に計上される債務保証契約（信用状による与信を含む）が資産の総額に対して重要な割合を占め，かつ，その時価に重要性がある場合には，その時価を注記することが適当です（金融商品時価開示適用指針第23項）。市場で取引されていない債務保証契約の時価は，レベル２の時価またはレベル３の時価に分類されるため，時価の算定に用いた評価技法およびインプットの説明を注記することになります。

この場合，時価の算定に用いる評価技法としては，契約期間，保証の履行可能性，担保による回収可能性などを基礎としてシミュレーションモデルを用いた期待値推計を行う方法などが考えられます。しかし，このような評価技法による算定に必要な情報を入手することが現実的でない場合は，保証料を決定するにあたり，債務者の信用リスク，担保による回収可能性等が市場参加者の観点から適切に反映されており，算定日の出口価格を表すことができると判断されることを条件に，契約上の保証料の将来キャッシュ・フローと同様の新規契約を実行した場合に想定される保証料の将来キャッシュ・フローとの差額を割り引いて現在価値を算定する方法により算定することも考えられます（業種別研究報告13号Q5-1A）。

（4）金融商品の時価のレベルごとの内訳等に関する事項

金融商品時価開示適用指針で求められる金融商品の時価のレベルごとの内訳等に関する事項は，**図表3-45-4**に記載した事項になります（金融商品時価開示適用指針第39-7項から第39-15項）。すべての開示項目は，適切な区分に基づき注記する必要があります（金融商品時価開示適用指針第5-２項（1）から（4）参照）。

なお，それぞれの開示項目について重要性を判断し，重要性が乏しいと認められるものは注記を省略することができるとされており（金融商品時価開示適用指針第５-２項），必ずしもすべての開示項目について注記することが想定されているわけではありません。このため，注記の対象となる金融商品について，貸借対照表日現在の残高のほか，時価の見積りの不確実性の大きさを勘案した上で，当期純利益，総資産および金融商品の残高等に照らして，注記の必要性を判断することになるものと考えられます（金融商品時価開示適用指針第39-4項）。

なお，投資信託に関するレベルごとの内訳等に関する事項について，2019年時価算定適用指針では経過措置が適用され注記を要しない（2019年時価算定適用指針第26項）とされていますが，2022年4月1日以後開始する連結会計年度および事業年度の期首から適用される2021年時価算定適用指針では，関連する規定が定められています。概要は**Q3-14**を参照ください。

図表3-45-4　金融商品の時価のレベルごとの内訳等に関する事項

1．レベル1の時価，レベル2の時価，レベル3の時価の合計額の注記
2．レベル2の時価およびレベル3の時価の算定に用いた評価技法およびインプットに関する注記
3．レベル3の時価に関する注記 ・時価の算定に用いた重要な観察できないインプットに関する定量的情報 ・時価がレベル3の時価に分類される金融資産および金融負債の期首残高から期末残高への調整表 ・レベル3の時価についての企業の評価プロセス， ・重要な観察できないインプットを変化させた場合の時価に対する影響に関する説明

(5) レベル3の時価に関する注記の個別項目

レベル3の時価に関する注記について項目ごとに求められる注記（**図表3-45-4参照**）は，その注記情報が財務諸表利用者に有用な情報が提供されると考えられ，設定されました。それぞれの注記により提供される情報の意義は，以下のように考えられます。

時価の算定に用いた重要な観察できないインプットに関する定量的情報（金融商品時価開示適用指針第5-2項（4）①参照）については，企業が時価の算定に用いた重要な観察できないインプットが妥当な水準または範囲にあるかどうかについて財務諸表利用者が判断するために有用な情報を提供すると考えられます（金融商品時価開示適用指針第39-10項）。

時価がレベル3の時価に分類される金融資産および金融負債の期首残高から期末残高への調整表については，時価がレベル3の時価に分類される金融資産および金融負債の期中変動を要因別に区分して開示することで，財務諸表利用者に損益への影響やレベル間の振替の影響等の情報を提供できると考えられます（金融商品時価開示適用指針第39-11項）。

レベル３の時価についての企業の評価プロセスについては，企業における時価算定の主観性の程度を評価するのに役立つと考えられます（金融商品時価開示適用指針第39-14項）。

- 重要な観察できないインプットを変化させた場合の時価に対する影響に関する説明（金融商品時価開示適用指針第５-２項（4）④）については，財務諸表利用者に次の情報を提供できると考えられます（金融商品時価開示適用指針第39-15項）。
- 重要な観察できないインプットが時価の算定に与える方向（増加方向または減少方向）に関する情報
- 時価の算定に用いた重要な観察できないインプットの情報と組み合わせることにより，個々のインプットに関する企業の見方が財務諸表利用者自身の見方と異なっていないかに関する情報
- 特定の金融資産または金融負債（たとえば，複雑な金融商品）の評価になじみのない財務諸表利用者に対して，価格決定モデルに関する情報

(6) 時価をもって貸借対照表価額とするものか否かおよび時価のレベルによる注記項目の異同

金融商品の時価のレベルごとの内訳等に関する事項の注記は，時価をもって貸借対照表価額とするか取得原価をもって貸借対照表価額とし時価を注記するか，および，時価のレベルによって，開示項目が異なります。時価をもって貸借対照表価額とするか否かおよび時価のレベルによる，それぞれの注記項目を整理すると，**図表3-45-5**のようになります。

図表3-45-5　時価のレベルと注記項目との関係（注記が必要なものは○）

		時価をもって貸借対照表価額とするもの			取得原価等をもって貸借対照表価額とするもの		
	注記項目	レベル1	レベル2	レベル3	レベル1	レベル2	レベル3
①	時価のレベルごと残高	○	○	○	○	○	○
②	評価技法・インプットの説明		○	○		○	○
③	評価技法・適用の変更の旨およびその理由		○	○		○	○
④	重要な観察できないインプットに関する定量的情報			○			
⑤	期首・期末残高調整表			○			
⑥	評価プロセスの説明			○			
⑦	観察できないインプットの定性的感応度分析			○			

また，その時価がレベル３の時価となる金融資産または金融負債については，より詳細に区分して注記する必要があります。時価をもって貸借対照表価額とするもののうち，レベル３となる時価についての重要な観察できないインプットに関する定量的情報の記載例は**図表3-45-6**に，期首残高から期末残高への調整表の記載例は，**図表3-45-7**に示しています。

図表3-45-6　**重要な観察できないインプットに関する定量的情報の例示**

区分	評価技法	重要な観察できないインプット	インプットの範囲	インプットの加重平均
有価証券				
その他有価証券				
住宅ローン担保証券	割引現在価値法	倒産確率	xx% -xx%	xx%
		倒産時の損失率	xx% -xx%	xx%
		期限前返済率	xx% -xx%	xx%
デリバティブ取引				
株式オプション	オプション評価モデル	株式ボラティリティ	xx% -xx%	xx%

図表3-45-7　**期首残高から期末残高への調整表，当期の損益に認識した評価損益の例示**

	有価証券	デリバティブ取引	合計
	その他有価証券	株式オプション	
	住宅ローン担保証券		
期首残高	XXX	XXX	XXX
当期の損益またはその他の包括利益			
損益に計上	XXX	XXX	XXX
その他の包括利益に計上	XXX	－	XXX
購入，売却，発行および決済			
購入	XXX	XXX	XXX
売却	△ XXX		△ XXX
発行		－	－
決済		△ XXX	△ XXX
レベル３の時価への振替	XXX	－	XXX
レベル３の時価からの振替	△ XXX	－	△ XXX
期末残高	XXX	XXX	XXX
当期の損益に計上した額のうち連結貸借対照表日において保有する金融資産および金融負債の評価損益	－	XXX	XXX

Q3-46 収益認識会計基準

収益認識会計基準とはどのようなものですか。収益認識会計基準に従った収益の認識とは，どのような方法で行うのでしょうか。また貸出を行った際に受領するアップフロントフィーや，信託契約に基づき受領する信託報酬について，収益認識に係る会計処理はどのように行うのでしょうか。

Answer Point

- わが国において，これまで収益認識に関する包括的な会計基準は開発されていませんでしたが，収益認識会計基準の開発により包括的な会計基準が公表されました。
- 収益認識会計基準の基本となる原則に従って収益を認識するために，５つのステップを適用することになります。
- 貸出を行った際に受領するアップフロントフィーや，信託契約に基づき受領する信託報酬については，収益認識会計基準の適用範囲に含まれるかどうかも含め，契約内容等を踏まえて会計処理を決定することが必要です。

(1) わが国の収益認識会計基準開発の経緯

わが国においては，企業会計原則の第二　損益計算書原則　三営業利益B に，「売上高は，実現主義の原則に従い，商品等の販売又は役務の給付によって実現したものに限る。」とされているものの，収益認識に関する包括的な会計基準はこれまで開発されていませんでした。一方，国際会計基準審議会（IASB）および米国財務会計基準審議会（FASB）は，共同して収益認識に関する包括的な会計基準の開発を行い，2014年５月に「顧客との契約から生じる収益」（IASBにおいてはIFRS第15号，FASBにおいてはTopic 606）を公表しました。

これらの状況を踏まえ，企業会計基準委員会は，わが国における収益認識に関する包括的な会計基準の開発に向けた検討に着手し，2018年３月30日に企業会計基準第29号「収益認識に関する会計基準」（以下，「収益認識会計基準」という）および企業会計基準適用指針第30号「収益認識に関する会計基準の適用指針」（以下，「収益認識適用指針」という）が公表されました。

その後，収益認識に関する表示および注記については引き続き検討することとされていましたが，2020年３月31日に収益認識会計基準および収益認識適用指針の改正が公表されました。また，一部業種の収益の見積方法について代替的な取扱いを追加し，2021年３月26日に収益認識適用指針の改正が公表されました。

(2) 収益認識会計基準の適用範囲

収益認識会計基準はわが国における収益認識に関する包括的な会計基準として開発されました。しかしその適用範囲について基準に定めがあり，次の①から⑦を除いた，顧客との契約から生じる収益に関する会計処理および開示に適用されます（収益認識会計基準第３項）。

①　金融商品会計基準の範囲に含まれる金融商品に係る取引

②　企業会計基準第13号「リース取引に関する会計基準」の範囲に含まれるリース取引

③　保険法における定義を満たす保険契約

④　顧客または潜在的な顧客への販売を容易にするために行われる同業他社との商品または製品の交換契約（たとえば，２つの企業の間で，異なる場所における顧客からの需要を適時に満たすために商品または製品を交換する契約）

⑤　金融商品の組成または取得に際して受け取る手数料

⑥　日本公認会計士協会 会計制度委員会報告第15号「特別目的会社を活用した不動産の流動化に係る譲渡人の会計処理に関する実務指針」の対象と

なる不動産（不動産信託受益権を含む）の譲渡

⑦　資金決済に関する法律における定義を満たす暗号資産および金商法における定義を満たす電子記録移転権利に関連する取引

なお顧客との契約の一部が①から⑦に該当する場合には，①から⑦に適用される方法で処理する額を除いた取引価格について，収益認識会計基準を適用します（収益認識会計基準第4項）。

(3) 銀行業における適用範囲についての留意事項

銀行業において行われる貸出取引や有価証券取引等に関し受領する手数料等についても，提供するサービスの内容，契約条件等から収益認識会計基準の適用範囲に含まれるかどうかの検討が必要になります。

①について，顧客との契約から生じる収益のうち，金融商品会計基準の範囲に含まれる利息，金融商品の消滅の認識時に発生する利益等の金融商品に係る取引は収益認識会計基準の適用範囲に含まれません（収益認識会計基準第103項）。

⑤について，顧客との契約から生じる収益に該当する金融商品の組成または取得に際して受け取る手数料については，今後，IFRS第9号「金融商品」との整合性の観点から，金融商品に関する会計基準の見直しとあわせて検討を行う予定であるため，収益認識会計基準の適用範囲から除外されています（収益認識会計基準第107項）。

(4) 収益認識会計基準の基本となる原則

収益認識会計基準の基本となる原則は，約束した財またはサービスの顧客への移転を当該財またはサービスと交換に企業が権利を得ると見込む対価の額で描写するように，収益を認識することとされています。収益認識会計基準では基本となる原則に従って収益を認識するために，次の1から5のステップを適用することとされています（収益認識会計基準第16項，第17項）。

ステップ1：顧客との契約を識別する。

ステップ2：契約における履行義務を識別する。

ステップ3：取引価格を算定する。

ステップ４：契約における履行義務に取引価格を配分する。

ステップ５：履行義務を充足した時にまたは充足するにつれて収益を認識する。

(5) 銀行業における収益認識会計基準適用上の留意点

ここでは銀行業の役務収益（手数料）のうち，アップフロントフィーと信託報酬を例に挙げて説明します。

①　アップフロントフィーの会計処理

貸出実行時に収受するアップフロントフィーの会計処理を決定するにあたっては，収益認識会計基準の適用対象となる取引かどうか，すなわち，アップフロントフィーが収益認識会計基準の適用範囲から除外される「金融商品の組成または取得に際して受け取る手数料」にあたるかどうかを判断する必要があります。

アップフロントフィーが収益認識会計基準の適用対象である場合は，基本となる原則に則り収益を認識します。一方，アップフロントフィーが「金融商品の組成または取得に際して受け取る手数料」に該当し，収益認識会計基準の適用範囲から除外される場合には，現行の実務においては，提供する役務の内容によって，取引の成立時点で収益を認識するか，あるいは取引の契約期間にわたって収益を認識するか，いずれの処理が適切かを判断する必要があります。

②　信託報酬の会計処理

信託銀行では，多種多様の信託を受託し信託財産を管理・処分しています（信託の具体的な種類については，Q3-2参照）。信託銀行には，信託勘定と銀行勘定の２つの勘定があり，信託契約により受託している信託財産に関する会計処理は信託勘定で，信託銀行の自己の財産に関する会計処理は銀行勘定で行われています。

信託銀行は，信託契約に基づき提供した信託業務遂行の対価として信託報酬を受け取ります。信託報酬は，受益者（委託者）との間で各信託契約に基づき決定した報酬率等を用いて算定され，銀行勘定に計上されるため，契約書等の内容を十分に理解することが重要です。

信託報酬の認識も会計上は収益認識会計基準に基づき収益を認識していくことになります。また，必ずしも信託銀行の決算日と信託勘定の決算日が一致するとは限りませんので，決算日に乖離があれば，信託勘定の決算日で確定した信託報酬のほかに，信託勘定の決算日から信託銀行の決算日までの未収信託報酬を計上することになります。

第4章

自己資本比率規制

国際的な銀行規制である自己資本比率規制は，銀行経営の安定性を維持するために，一定水準以上の自己資本比率を銀行に求めるものであり，バーゼル銀行監督委員会における国際合意により各国で実施されてきました。自己資本比率規制は，これまで幾度の改定を経て現在に至っており，規制内容は高度化かつ複雑化しています。さらに，リーマン・ショック以降の金融規制改革の残された課題の最終化の合意を受けて，2023年１月より，バーゼルⅢ最終化として自己資本比率規制の改正が予定されています。

Q4-1 自己資本比率規制の概要と変遷

銀行の自己資本比率規制について教えてください。

Answer Point

- 自己資本比率規制とは，スイスのバーゼルに事務局を置く，バーゼル銀行監督委員会において策定された，国際的に活動する銀行の自己資本比率に関する規制です。銀行が抱えるリスク量に対して一定水準以上の自己資本を保有することを義務づけるものです。現在は，バーゼルⅢ規制と呼ばれています。
- 自己資本比率は，株主資本等で構成される自己資本の額を分子，信用リスク，マーケット・リスク，およびオペレーショナル・リスクに関するリスク・アセットを分母として算出されます。銀行経営の健全性を表す重要な監督指標であり，国際的に活動する銀行は，３つの最低所要自己資本比率が定められており，それぞれ，普通株式等Tier1比率4.5%以上，Tier1比率6%以上，総自己資本比率８%以上の確保が求められます。
- バーゼル規制は，第１の柱（最低所要自己資本比率），第２の柱（監督上の検証プロセス），第３の柱（市場規律の向上）の３つの柱により構成されており，日本では，その内容は，金融庁の銀行告示や監督指針に定められています。
- 2023年１月より自己資本比率規制の改正（バーゼルⅢ最終化）が予定されています。

(1)　銀行の自己資本比率規制は，国際決済銀行のバーゼル銀行監督委員会が

1988年に「自己資本の測定と基準に関する国際的統一化」（BIS合意）として公表しました。当初は，信用リスクに対する自己資本比率として合意された枠組みでしたが，1996年に「マーケット・リスクを自己資本の合意の対象に含めるための改訂」としてトレーディング業務のマーケット・リスクに対する自己資本の保有が義務づけられました。以降，数回にわたる市中協議や定量的影響度調査等を経て，全面的な見直しが実施され，2004年６月に「自己資本の測定と基準に関する国際的統一化：改訂された枠組み」（いわゆるバーゼルⅡ）が公表され，2007年１月より実施されています。

その後，サブプライム問題に端を発する金融危機への対応として，2009年７月に「バーゼルⅡの枠組みの強化に関する最終文書」が公表され，銀行勘定の証券化商品の取扱いの強化やトレーディング勘定に対する資本賦課の引上げに関する見直しが行われました（いわゆるバーゼル2.5）。さらに，2008年のリーマン・ショックを契機に金融システムの安定性の確保は国際的な政治課題となり，各国当局間だけでなく，G20財務大臣・中央銀行総裁会議の関与が強まり，金融安定理事会（FSB）により金融規制改革が主導されています。2010年12月に「バーゼルⅢテキスト」（いわゆるバーゼルⅢ）が公表され，自己資本の定義の見直しを主要な改定として2013年１月より実施されています。バーゼルⅢにより，銀行の健全性強化が図られ，銀行はより多くの資本と高い流動性が求められ，以下の各規制が導入されています。

① 自己資本比率：最低所要自己資本比率の引上げ，自己資本の定義の見直し，カウンターパーティーリスク捕捉の強化（中央清算機関関連，CVAリスク，SA-CCR），ファンド向けエクイティ出資・証券化商品の資本賦課の枠組みの見直し，TLAC規制

② 自己資本比率以外の健全性規制：レバレッジ比率規制，流動性比率規制，大口信用供与等規制，バンキング勘定の金利リスク（IRRBB）

(2) 日本では，銀行経営の健全性を判断する基準の導守について銀行法第14条の2に規定されており，その詳細は，金融庁の銀行告示（最低所要自己資本比率に関する告示，TLAC規制に関する告示，レバレッジ比率に関する告示，流動性比率に関する告示）や監督指針に定められています。

図表4-1　バーゼル関連規制の適用状況

分類		規制内容		日本での適用状況 ※	
バーゼル規制	【第1の柱】最低所要自己資本比率	自己資本比率		◎	最低所要水準を適用
		資本バッファー		○	国際統一基準行のみ
		レバレッジ比率		○	国内基準行は開示のみ要求
		流動性規制	流動性カバレッジ比率（LCR）	○	国内基準行は，オフサイトモニタリング
			安定調達比率（NSFR）	○	2021年9月より，国際統一基準行は適用開始
	【第2の柱】金融機関の自己管理と監督上の検証	早期警戒制度（アウトライヤー規制など）		◎	銀行勘定の金利リスク，信用集中リスク
	【第3の柱】市場規律	ディスクロージャー制度		◎	国内基準行にも適用（一部簡便化）
その他関連規制		大口信用供与等規制		◎	国内基準行にも適用
		マージン規制		◎	デリバティブの規模に応じて国内基準行にも適用

※ 国内法制化により，国際統一基準行および国内基準行に導入されているものは◎，国際統一行のみ対象のものは○を付しています。

Q4-2 自己資本比率規制（バーゼルⅢ規制）の枠組み

自己資本比率規制（バーゼルⅢ規制）の算定ルールの概要について教えてください。

Answer Point

- 2013年１月よりバーゼルⅢ規制による自己資本比率規制が導入されています。
- バーゼルⅢ規制は，①自己資本比率規制，②レバレッジ比率規制，および③流動性比率規制，で構成されており，自己資本の質・量の強化および流動性を求める，包括的な健全性基準となっています。
- 自己資本比率は，日本では，国際合意に沿った「国際統一基準」と日本独自の「国内基準」があり，それぞれ自己資本比率は８％以上，４％以上が求められています。
- 国際統一基準行は，３つの最低所要自己資本比率（普通株式等Tier1比率，Tier1比率，総自己資本比率）のほかに，社外流出に制限をかけるために資本保全バッファーとカウンターシクリカルバッファーの２つの資本バッファーを確保することが定められています。さらに，グローバルなシステム上重要な銀行（G-SIBs）は，金融システムへの重要性を鑑み，追加の資本バッファー（いわゆるG-SIBsバッファー）が課されており，また，破綻時に元本削減または株式転換によって損失を吸収する負債等から構成されるTLAC適格商品を一定水準以上確保するTLAC規制が導入されています。
- 分母となるリスク・アセットの算定方法は，銀行の内部管理の方法により銀行自身が選択します。内部モデルによる手法は当局承認となっています。

(1) 自己資本比率規制の第1の柱(最低所要自己資本比率)

バーゼルⅢ規制における自己資本比率の算式は**図表4-2-1**のとおりです。

図表4-2-1 自己資本比率の算式

$$自己資本比率 = \frac{自己資本}{リスク・アセット}$$

自己資本:

【国際統一基準行の場合】
=「普通株式等Tier1資本の額」
+「その他Tier1資本の額」
+「Tier2資本の額」
【国内基準行の場合】
=自己資本の額(普通株式等Tier1資本+強制転換条項付優先株式等

リスク・アセット:

=「信用リスク・アセットの額の合計額」
+「マーケットリスク相当額の合計額」×12.5
+「オペレーショナルリスク相当額の合計額」×12.5

分子の自己資本は,普通株式や内部留保等の最も質の高い資本である普通株式等Tier1資本,一定の要件を満たす優先株式等の事業継続を前提とした損失吸収力を有する資本・負債等のその他Tier1資本,および一定の要件を満たす劣後等の実質破綻時の損失吸収力を有する負債等のTier2資本,の3つのTier資本区分で構成されており,さらに,会計上,資産として計上されているが,外部に売却することが困難または不可能なもの(無形固定資産や繰延税金資産等)や金融機関等向け出資等は,損失吸収能力に乏しいとされ,自己資本の調整項目として各Tier資本から控除することとされています。

分母のリスク・アセットについては,銀行の内部管理の方法に応じて算定方法を選択することができ（**図表4-2-3**を参照），高度な算定手法ほど，リスク・アセットの把握が精緻化される枠組みとなっています。

(2) レバレッジ比率規制

レバレッジ比率は，銀行システムにおけるレバレッジの拡大を抑制することを目的とした，リスクベースによらない補完的な指標であり，日本では国際統一基準行を対象に，2015年１月より開示（第３の柱）され，2019年３月より第１の柱に移行し，レバレッジ比率３％の最低所要基準が導入されています。

(3) 流動性規制

流動性規制は，①流動性カバレッジ比率（LCR：短期間の厳しいストレス時の預金流出等への対応力の指標），②安定調達比率（NSFR：長期の運用調達構造を見る指標）の２つの定量的指標で構成されています。日本では，国際統一基準行を対象に，流動性カバレッジ比率（LCR）は2015年3月より最低所要水準が導入されており，安定調達比率（NSFR）は諸外国における流動性比率規制の実施状況を踏まえ，導入時期が延期されてきましたが，2020年12月25日にNSFRに関する告示改正案が公表され，2021年９月30日より実施されています。

(4) 日本における監督の枠組み

自己資本比率規制は，国際的に活動する銀行に義務づけられたものですが，日本では，海外営業拠点を有する銀行に対し適用される国際統一基準と海外営業拠点を有しない銀行に対して適用される国内基準に区分されて導入されています。

銀行の自己資本比率が最低所要水準を下回った場合には，銀行経営の健全性確保と破綻の未然防止を図るための適切な監督上の措置を発動する早期是正措置が銀行法において導入されています。さらに，最低所要自己資本比率（第１の柱）では捕捉されないリスクである，銀行勘定の金利リスクや，与信集中リスクは，監督上の検証プロセス（第２の柱）において補完されるべきとされており，日本では早期警戒制度の枠組みで対応されており，監督指針においてその内容が示されています。

図表4-2-2　３段階の最低所要自己資本比率

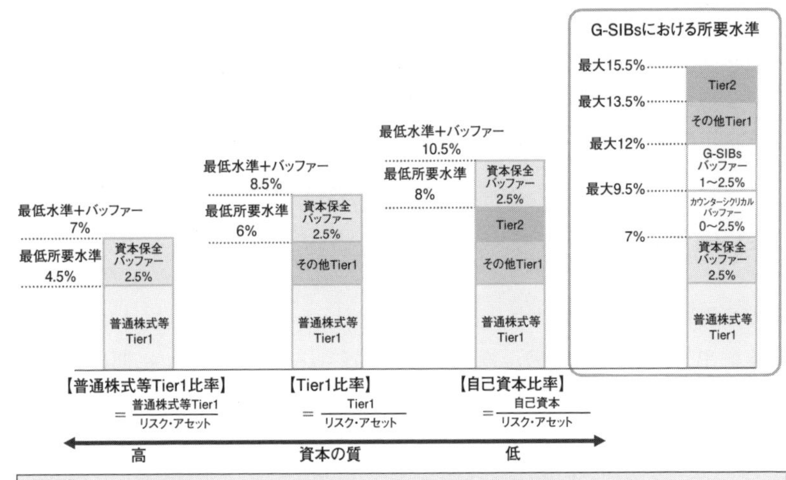

（出所：「バーゼル委市中協議文書　自己資本の質，一貫性及び透明性の向上に関する規制の概要」（金融庁，日本銀行）を参考にトーマツで作成）

図表4-2-3　リスク・カテゴリー別のリスク・アセット計測手法

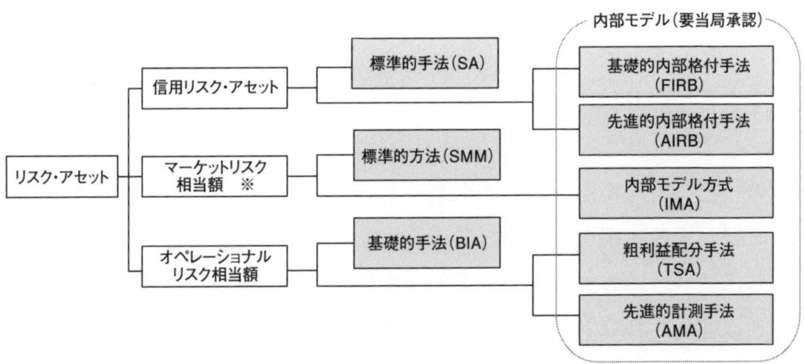

※「マーケット・リスク相当額」は，特定取引勘定，または商品有価証券勘定および売付商品債券勘定を有する金融機関が対象（金額要件あり）

Q4-3 今後のバーゼル規制の改定の概要

今後のバーゼル規制の改定スケジュールおよびその概要について教えてください。

Answer Point

- 2008年のリーマンショックを契機に金融安定理事会（FSB）により着手された金融規制改革は，2017年12月に最終化の合意（いわゆるバーゼルⅢ最終化）がなされており，2023年１月の実施が予定されています。
- バーゼルⅢ最終化の内容は，各リスクカテゴリにおけるリスク・アセットの計測手法について，一部手法の廃止も含めた大幅な改正となっています。
- 日本では，2023年３月期からの実施が予定されています。金融庁より，2020年12月24日に「最終化されたバーゼルⅢの国内実施に関する規制方針案について」として，各リスクカテゴリに関する大枠の規制方針案が公表されています。

解説

(1) バーゼルⅢ最終化と実施時期

2017年12月に「バーゼルⅢ最終規則文書」（いわゆるバーゼルⅢ最終化）が公表され，バーゼル銀行監督委員会の上位機関である中央銀行総裁・銀行監督当局長官グループ（GHOS）により，金融規制改革の残された課題であった自己資本比率規制の各リスクカテゴリの計測手法等について最終化の合意がなされました。当初は，2022年１月に実施される予定でしたが，新型コロナウイルス感染症の拡大への対応として，各国での実施時期を１年間延期し，2023年１

月の実施に変更となりました。

(2) 自己資本比率規制

自己資本比率規制については，分母のリスク・アセットの各リスクカテゴリの計測手法が改定されます。

信用リスクは，①標準的手法の見直し，②内部格付手法の利用の一部制限等の見直し，③CVA（信用評価調整）リスクの計測手法の見直し，の実施が予定されています。標準的手法は，住宅ローンや商業用不動産担保ローンに対して実行時の物件価値に対するローン残高の割合であるLTV比率に応じたリスク・ウェイトの設定，株式や劣後債のリスク・ウェイトの引上げ，オフバランス項目のエクスポージャーの額を調整するCCFと呼ばれる掛目の変更，デフォルト定義の導入，外部格付に応じたリスク・ウェイトの適正性を評価するデューデリジェンス要件の導入，等が予定されており，リスク感応度の向上を目的とした枠組みとなっています。内部格付手法は，金融機関および連結売上高５億ユーロ以上の事業法人向け債権への先進的内部格付手法の利用の廃止，自行推計パラメータ値の下限設定，株式等の標準的手法適用，等が予定されています。

オペレーショナル・リスクは，従前の計測手法である基礎的手法（BIA），粗利益配分手法（TSA）および先進的計測手法（AMA）が廃止され，新しい標準的計測手法に一本化されます。粗利益に代わる新しい指標であるビジネス指標（BI）等と内部損失データによる過去の損失実績を組み合わせてリスク量を算出するものとなっており（ビジネス指標（BI）が一定以下の金融機関については，ビジネス指標（BI）からリスク量を算出します），内部損失データには一定の品質確保が求められています。

トレーディング勘定の取扱いは，バーゼル2.5以降の抜本的改革としてマーケット・リスク規制の枠組みで改定の検討がなされてきた経緯があり（いわゆるFRTB），バーゼルⅢ最終化と合わせて実施されることとなっています。マーケット・リスクは，①バンキング勘定とトレーディング勘定の境界の明確化，②標準的方式と内部モデル方式の見直し，③簡易的方式の導入，の実施が予定されています。なお，日本では，一定の金融機関についてマーケット・リスク相当額の算出を免除する「マーケット・リスク相当額の不算入特例」が設けられており，FRTBの導入後も適用される見込みです。不算入要件は，従前の特定取引資産・負債の合計額の金額基準の他に，外国為替の全体のネット・ポジションに関する金額基準の要件が追加される予定となっています。

また，各リスクカテゴリの内部モデル手法によるリスク・アセットに対して，新標準的手法を基準とした資本フロアが設定され，一定以上，リスク・アセットを軽減できない枠組みの導入が予定されています。

(3) レバレッジ比率規制

レバレッジ比率規制については，分母であるエクスポージャーの計測の定義の見直し（担保効果を限定的に反映する修正SA-CCRの適用等），およびグローバルなシステム上重要な銀行（G-SIBs）に対するG-SIBsバッファーの50％をTier1資本で上乗せ（邦銀の場合，0.5％～0.75％），の実施が予定されています。

第5章

IFRSの概要

第５章では，銀行業において特に影響が大きいと考えられるIFRS基準書について解説します。原則主義であるIFRSは，その適用にあたって個別の状況や事象に応じた判断が要求されることから，詳細なルールが設けられている他の会計基準に比べて，よりその趣旨を正しく理解する必要があります。

本章では，金融商品に関する基準書の概要を解説した上で，銀行業において特に重要な領域と考えられる償却・引当について具体的に解説します。その他銀行業に影響が大きい基準書として，連結に関する基準書，公正価値測定に関する基準書を解説します。

Q5-1 IFRSの金融商品の基準の概要

IFRSの金融商品の基準は，どのような内容でしょうか。

Answer Point

- IFRSの金融商品に関する主な基準書として，IFRS第９号「金融商品」，IAS第39号「金融商品：認識及び測定」，IAS第32号「金融商品：表示」，IFRS第７号「金融商品：開示」があり，日本基準の会計処理と大きく異なります。

(1) IFRSの金融商品の基準の全体像

IFRSの金融商品に関する主な基準書として，IFRS第９号，IAS第39号，IAS第32号，IFRS第７号があります。それぞれの主な内容は次頁**図表5-1-1**のとおりです。

上記のうち金融資産の減損については，**Q5-2**で説明します。

(2) 金融資産の会計処理

①　金融資産の分類および測定

企業は，当初認識時に，金融資産の管理に関する企業の事業モデル（事業モデルテスト）と金融資産の契約上のキャッシュ・フローの特性（キャッシュ・フローテスト）に基づき，金融資産を分類しなければなりません。事業モデルテストでは，契約上のキャッシュ・フローを回収するために金融資産を保有することを目的とする事業モデルの中で保有されているのか，契約上のキャッシュ・フローの回収と売却の両方によって目的が達成される事業モデルの中で保有されているのか，上記以外を目的とする事業モデルの中で保有されているのかを判定し，キャッシュ・フローテストでは，契約上のキャッシュ・フローは元本および利息の支払のみから生じるかを判定します（契約上のキャッシュ・フローが元本および利息の支払のみ：Solely Payments of Principal and Interestの略語でSPPIテストと呼ばれたりもします）。

金融商品を分類するための判定フローは，**図表5-1-2**のとおりです。

図表5-1-1　金融商品の基準書と主な内容

基準書	主な内容
IFRS第９号	金融商品の認識および認識の中止，金融商品の分類および測定，金融資産の減損，ヘッジ会計
IAS第32号	負債と資本の区分，複合金融商品，金融資産と金融負債の相殺
IFRS第７号	金融商品の開示

（※）ヘッジ会計についてはIAS第39号のヘッジ会計の要求事項を選択適用可能

図表5-1-2　金融商品の分類のための判定フロー

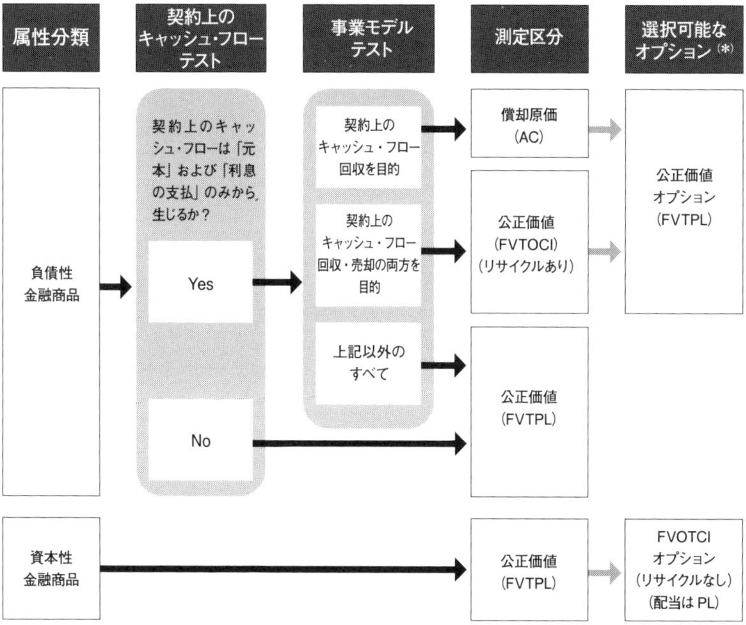

属性分類
契約上のキャッシュ・フローテスト
事業モデルテスト
測定区分
選択可能なオプション（*）

負債性金融商品
契約上のキャッシュ・フローは「元本」および「利息の支払」のみから生じるか？
Yes
No
契約上のキャッシュ・フロー回収を目的
契約上のキャッシュ・フロー回収・売却の両方を目的
上記以外のすべて
償却原価（AC）
公正価値（FVTOCI）（リサイクルあり）
公正価値（FVTPL）
公正価値オプション（FVTPL）

資本性金融商品
公正価値（FVTPL）
FVOTCIオプション（リサイクルなし）（配当はPL）

AC：償却原価で測定される金融資産
FVTPL：純損益を通じて公正価値で測定される金融資産
FVTOCI：その他の包括利益を通じて公正価値で測定される金融資産

（*）選択可能なオプションについては本書では取り扱わない

事業モデルテストに関しては，日本基準と異なり保有目的の判定が個別銘柄単位からポートフォリオ単位に代わるため，日本基準上個別銘柄単位で満期保有目的としていても，IFRS上ポートフォリオとして回収と売却の両方を目的とした事業モデルの中の保有と判断される場合にはFVTOCIとなります。

キャッシュ・フローテストに関しては，たとえば**図表5-1-3**のように，名目上は利息であっても，実質的に利息の構成要素（たとえば，貨幣の時間価値，信用リスクの対価等）を満たさない場合はSPPIの要件を満たさないことになります。

図表5-1-3　キャッシュ・フローテストの論点

論点	検討ポイント
変動利付国債	金利改定の頻度と金利の期間が一致していない場合（たとえば，金利が１年物金利に毎月改定される場合），貨幣の時間価値要素が改変されており，契約上のキャッシュ・フローがSPPI要件を満たさない可能性があります
業績連動貸出	貸出金の利息が企業の業績に連動する場合，名目上は利息であっても，通常は，利息の構成要素を満たさず，SPPI要件を満たさないと考えられ，FVTPLで測定しなければならないと考えられます

②　認識の中止

日本基準は財務構成要素アプローチである一方，IFRSはリスク・経済価値アプローチであるため，当該金融資産の契約上の権利が消滅した場合や当該金融資産の所有に係るリスクと経済価値のほとんどすべてを移転した譲渡の場合に金融資産の認識の中止が可能になります。たとえば，金銭債権の流動化スキームにおいて譲渡人による信用補完が行われている場合，日本基準ではオフバランス化が認められても，IFRSでは認めらない可能性があります。

(3) 金融負債の会計処理

IFRSでは，金融負債か資本性金融商品かを法的形式ではなく契約上の義務があるか否かにより判定するアプローチを採用しています。したがって，日本基準のように，優先株式等，法的形式が発行体にとって資本に該当するものであっても，下記①の判定の結果，金融負債として認識される場合があります。

金融負債は，当初認識から消滅の認識まで，以下のとおり会計処理されます。

①　金融負債または資本性金融商品の分類

発行された当該金融商品が下記に該当する場合は一部の例外を除き金融負債，該当しない場合は資本性金融商品に分類されます。

(a)　現金またはその他の金融資産を引き渡す契約上の義務，または発行体にとって潜在的に不利な条件で金融商品を交換する契約上の義務。

(b)　(発行体自身の資本性金融商品で決済されるか，その可能性がある場合)

デリバティブでない場合は発行体自身の資本性金融商品の可変数を引き渡す契約上の義務があること，デリバティブであれば固定額の現金または他の金融資産と発行体自身の固定数の資本性金融商品との交換以外の方法によってのみ決済されること。

②　金融負債の分類および測定

一部の例外を除き，原則として償却原価により測定されます。ただし，一定の場合において「公正価値オプション」を適用して公正価値で測定することができます。

③　認識の中止

金融負債は日本基準と同様に債務を負わなくなった場合に認識を中止しますが，日本基準にある実質的ディフィーザンスなどの例外はありません。

(4)　ヘッジ会計

ヘッジ会計に関して，マクロヘッジは改訂議論が継続中であるため，一般的ヘッジについて説明します。

IFRSでは，ヘッジ取引の種類に対応して，ヘッジ会計上のヘッジ関係は**図表5-1-4**の３種類について規定されています。

図表5-1-4　ヘッジ会計上のヘッジ関係（IFRS）

	公正価値ヘッジ（"FVH"）	キャッシュ・フロー・ヘッジ（"CFH"）	在外営業活動体に対する純投資のヘッジ
定　義（IFRS第9号6.5.2項）	ヘッジ対象の公正価値の変動のうち，特定のリスクに起因し，純損益に影響する可能性があるものに対するエクスポージャーのヘッジ	ヘッジ対象に係る特定のリスクに起因し，かつ，純損益に影響する可能性があるキャッシュ・フローの変動性に対するエクスポージャーのヘッジ	その活動が，報告企業と異なる国または通貨に基盤を置いているかまたは行われている，報告企業の子会社，関連会社，共同支配の取決めまたは支店である在外営業活動体の純資産に対する報告企業の持分の額のヘッジ（IAS第21号第８項）
ヘッジ対象（IFRS第9号6.5.2項）	■ 認識されている資産（FVTOCIの資本性金融商品を含む）／負債 ■ 認識されていない確定約定	■ 認識されている資産／負債 ■ 可能性の非常に高い予定取引	■ 在外営業活動体に対する純投資
例	■ 金利変動から生じる固定金利の負債性金融商品の公正価値の変動に対するエクスポージャーのヘッジ（IFRS第9号B6.5.1項）	■ 変動金利の債務を固定金利の債務に変換するスワップの利用（IFRS第9号B6.5.2項）	■ 在外営業活動体に対する純投資を外貨建借入金でヘッジ

各ヘッジ取引の会計処理については，公正価値ヘッジについては，ヘッジ対象およびヘッジ手段を公正価値測定し，公正価値変動額を純損益で認識します。また，キャッシュ・フロー・ヘッジおよび在外営業活動体に対する純投資のヘッジについては，ヘッジ手段の公正価値変動額をその他の包括利益で認識します。

日本基準は目的が公正価値ヘッジであっても，会計処理はキャッシュ・フロー・ヘッジと同様繰延ヘッジの会計処理となりますが，IFRSは上述のとおりヘッジ対象およびヘッジ手段をいずれも公正価値で測定し，公正価値変動額を純損益で認識する点で違いがあります。また，日本基準では非有効部分を含めて繰延処理を行いますが，IFRSでは非有効部分はP/Lに計上される点も日本基準の会計処理との違いとなります。

Q5-2 IFRS第９号における金融商品の減損

IFRS第９号における金融商品の減損は，どのような内容でしょうか。

Answer Point

- 決算日一時点の信用状況ではなく，当初認識後の信用状況の変化に応じて３つのステージに分類し，貸倒引当金を見積る点が日本基準の考え方と異なります。また，IFRSは将来情報の考慮が要求事項となっている一方，従前の日本基準は実務上，過去の実績率＝予想損失率という見積りが行われているケースも多く，実務上の対応に違いがみられます。

(1) IFRS第９号の金融商品の減損の概要

IFRS第９号「金融商品」の減損モデルは償却原価測定の金融資産のほか，その他の包括利益を通じて公正価値で測定される金融資産等にも適用されます。このモデルは「予想損失モデル」であり，原則として，減損対象金融商品の取得直後であっても将来の予想損失に対する引当金の計上が要求されます。一部の例外を除き，**図表5-2-1**のとおり，対象金融商品の信用状況に応じて３つのステージに分類し，各ステージごとに引当額および利息額を算定する方法を定めています。

図表5-2-1　予想損失モデル

当初認識後の信用リスクの悪化 →

	ステージ1	ステージ2	ステージ3
各ステージに属する資産	当初認識以降に**信用リスクが著しく増大していない金融商品**	• 当初認識以降に**信用リスクが著しく増大している金融商品** • なお，信用リスクが低い場合（例示としては投資適格）には，信用リスクが当初より悪化していたとしても信用リスクの著しい増大には該当しないと仮定することができる	**信用減損している金融商品**
要引当額	12カ月の予想信用損失	全期間の予想信用損失	
利息計算	実効金利×総額での帳簿価額（引当調整前償却原価）		実効金利×償却原価（総額での帳簿価額と引当との純額）

(2) ステージ判定

上述のとおり，各ステージごとに引当額や利息額の算定方法が定められているため，対象金融商品がどのステージに該当するのか判定が必要となります。

①　ステージ2（信用リスクの著しい増大）の判定

ステージ2の判定は当初認識後に信用リスクが著しく増大しているかにより判定することとされており，当初認識時点と評価日時点の信用リスクを比較することにより行われることとなります。

特に，信用リスクの著しい増大の判定にあたっては，どのような指標を使って判定するのか，また，「著しい」の定義は何かがポイントとなります。

信用リスクの著しい増大は「当該金融商品の予想存続期間にわたる債務不履行発生のリスクの変動」により判定するとされており（IFRS第9号5.5.9項），銀行では通常，倒産確率（以下，「PD」という）がこれに相当します。また，信用リスクの変動の評価に関連する可能性がある事象として，IFRS第9号

B5.5.17項では，外部信用格付け／内部信用格付けの変動，借手の営業成績の変化，期日経過の情報等の例示がなされています。

次に，「著しい」の定義は何かですが，これについては基準上明確な定義はありません。このため，各金融機関が，商品の性質やプライシングに応じて，「著しい」の閾値を決定する必要があります。

②　ステージ３（信用減損）の判定

IFRS第９号の付録A「用語の定義」における信用減損金融資産の定義として，金融資産が信用減損している証拠として以下が例示として挙げられています。

(a)　発行者又は債務者の重大な財政的困難
(b)　契約違反（債務不履行又は期日経過事象など）
(c)　借手に対する融資者が，借手の財政上の困難に関連した経済上又は契約上の理由により，そうでなければ当該融資者が考慮しないであろう譲歩を借手に与えたこと
(d)　借手が破産又は他の財務上の再編を行う可能性が高くなったこと
(e)　当該金融資産についての活発な市場が財政上の困難により消滅したこと
(f)　金融資産を発生した信用損失を反映するディープ・ディスカウントで購入又は組成したこと

実務上の論点として，たとえば，条件変更を実施したが，債務者区分はその他要注意先以上（基準金利確保先および実抜計画先等）とされている債権がステージ３債権に該当するかは，主要な論点の１つとして挙げられます。

(3)　予想信用損失の測定

IFRS第９号では予想信用損失測定の原則が示されているのみであり，特定の測定方法は明示されていません。このため，３つの原則「①信用損失の確率加重」「②貨幣の時間価値」「③合理的で裏づけ可能な情報（将来予測）」を反映する限りさまざまな測定方法が認められます。なお，予想信用損失の測定方法としては以下の方法が一般的に採用されています。

✓EAD×PD×LGD

✓DCF

① 信用損失の確率加重

日本基準の実務慣行では，最も発生可能性が高いシナリオ一本で評価していると考えられます。一方で，IFRSでは，複数のシナリオおよび発生確率を見積り，各シナリオに基づく信用損失を発生確率に基づき確率加重することが必要となります（たとえば，過去実績から来期の引当率が３％と予想したとしても，それは発生可能性が最も高いシナリオであり，より引当率が低いシナリオや高いシナリオの発生確率を考慮し，確率加重が必要となります）。

② 貨幣の時間価値

IFRS第９号では貨幣の時間価値の考慮が必須とされており，「予想信用損失の割引は，予想される債務不履行又は他の何らかの日ではなく，報告日まで，当初認識時に算定した実効金利又はその近似値を用いて行わなければならない」とされています（IFRS第９号B5.5.44項）。日本基準では時間価値の考慮は必須とされておらず，DCFを適用する場合にのみ考慮することが要求されていることから，日本基準との基準差となります。

③ 合理的で裏づけ可能な情報（将来予測）

IFRS第９号では「将来の経済状況の予測」が明示されています（IFRS第９号5.5.17項）。日本基準でも銀行等監査特別委員会報告第４号で「今後１年間の予想損失額は，１年間の貸倒実績又は倒産実績を基礎とした貸倒実績率又は倒産確率の過去３算定期間の平均値に基づき損失率を求め，これに将来見込み等必要な修正を加えて算定する」とされていることからIFRS第９号と違いはありません。しかし，日本の会計実務上，過去の実積率＝予想損失率という見積りが行われているケースが多く，実務上の対応に違いがみられます。

(4) 将来予測

将来予測の考慮が必須となりますが，将来を予測することは容易ではありません。将来のパラメータを直接予想することは困難であるため，マクロ経済指標の予測を通じて将来のパラメータを推計することが一般的です。

将来予測の考慮に関するアプローチの一例は**図表5-2-2**のとおりです。

図表5-2-2　将来予測の考慮に関するアプローチ

STEP １：将来予測モデルの構築
パラメータの実績値を算定した上で将来予測の反映が必要となります。
① 実績値の算定 銀行であれば，バーゼル規制に基づく自己資本比率の算定で使用するパラメータを出発点としてIFRS用に必要な修正を行う手法が一般的です。
② マクロ経済指標の選択 検討対象とすべき経済指標に関しては，ストレステストや経営計画，予算においてすでに考慮されている指標が第１の候補となります。
③ モデル化 将来予測のモデルで経済指標とパラメータの相関関係を利用する場合，マクロ経済指標と各パラメータの相関分析を行い，モデル化を行います。
STEP ２：予想信用損失の算定
STEP １で検討した将来予測モデルに基づき予想信用損失を算定します。
① 確率加重 シナリオ数を決定し，各シナリオの発生確率を見積ります。
② 経済指標の予測 財務諸表の他の見積りや経営計画，予算等で用いる予測値，外部機関の公表値等を参考とすることが考えられます。
③ マネジメント・オーバーレイ 標準的なモデルでは反映されない事象を考慮するために，マネジメント・オーバーレイとしてモデル外での調整が必要ないか検討します。

Q5-3 IFRS第10号「連結財務諸表」の概要と銀行への影響

IFRS第10号の概要および銀行に与える主な影響について教えてください。

Answer Point

- 連結はIFRS第10号，持分法はIAS第28号に従って処理されます。
- パワー，リターンおよび両者の関連性に基づいて連結の範囲が決定されます。
- 債権の流動化に特別目的会社を利用している場合，潜在的議決権を保有する場合について影響が生じるおそれがあります。

(1) IFRSにおける連結・持分法基準

IFRSでは，連結についてはIFRS第10号，持分法についてはIAS第28号が適用されます。

IFRS第10号は，投資先に対する支配の性質にかかわらず（たとえば議決権を通した支配および契約上の取決めを通した支配かを問わず），支配に基づく単一の連結モデルを要求しています。

持分法については日本基準と基本概念に違いがありません。また，共同支配であるかどうかの判断，共同支配である場合の分類および会計処理についてはIFRS第11号が適用されます。関連会社に加え，IFRS第11号において共同支配企業と判断される場合においても，IAS第28号に従って原則として持分法が適用されます（**図表5-3-1**参照）。

図表5-3-1　連結・持分法における適用基準

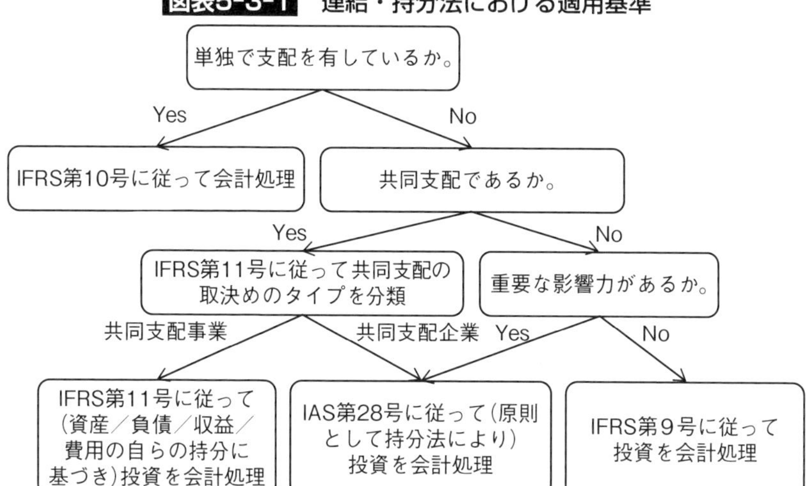

（2）IFRS第10号における支配判定フロー

図表5-3-2に示した３つの要件すべてを満たす場合は，投資先は子会社であると判定されます。

図表5-3-2　支配判定フロー概要

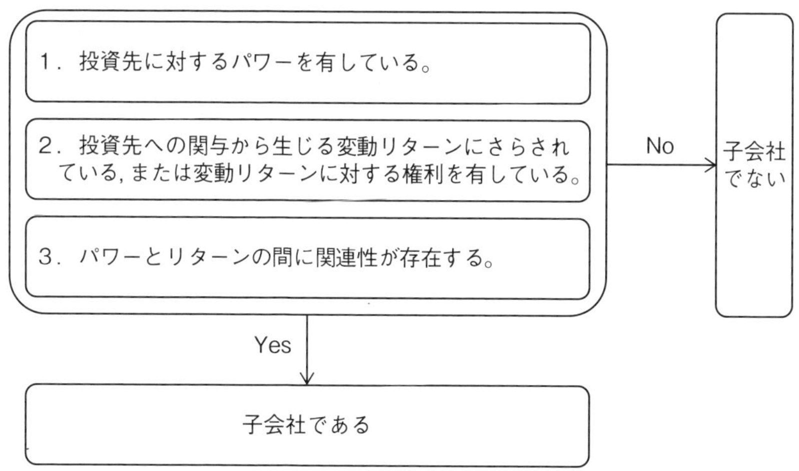

パワー：関連性のある活動を指図する現在の能力を与える現在の権利であり，一般的には議決権を通じて生じます。議決権の過半数を所有していなくても，実質的な権利に該当する潜在的議決権および契約上の取決め等を考慮して投資先に対してパワーを有しているかどうかを判定します。

変動リターン：固定ではなく，投資先の業績の結果として変動する可能性のあるリターンをいいます。たとえば，出資に対する配当や債券に対する利息がイメージしやすいですが，これらを含めたシナジー効果によるリターンも含む，プラス，マイナスあるいはプラスとマイナスの両方の経済的エクスポージャーをいいます。

パワーとリターンの関連性：投資先への関与により生じるリターンに影響を及ぼすように投資先に対するパワーを用いる能力を有している場合には，投資者は投資先を支配していると考えられ，投資先を子会社として連結する必要があります。

(3) IFRS第10号の銀行に与える主な影響

IFRS第10号が銀行に与える主な具体的事象として，以下が考えられます。

① 銀行が債権の流動化に利用している特別目的会社

日本基準においては，債権流動化のスキームにもよりますが，一般的には当該特別目的会社は財務諸表等規則第８条第７項により銀行の子会社には該当しないと推定されます。

IFRS第10号の適用に際しては，銀行が債権流動化後もサービシング業務および流動化の劣後部分を依然保有する場合があります。この場合，当該銀行は滞留債権の回収方針を決定する立場にあることが考えられ，滞留債権の回収方法の決定が関連性のある活動である場合には，パワーを有していると判断される可能性があります。また劣後債権を保有している場合には変動リターンを享受する立場にあると考えられます。さらに，滞留債権の回収方針を決定し，その結果を劣後部分の保有により自ら被ることとなる場合には，パワーと享受するリターンに関連性があります。そのため，IFRS第10号において連結対象となる可能性があります。

②　融資先に対するDESの実施により取得した潜在的議決権の取扱い

銀行においては，デット・エクイティ・スワップ（DES）により取得した優先株式等について，普通株式への転換により仮に相当程度の融資先の議決権を取得できたとしても，銀行法の規制により，当該融資先の議決権については，総株主等の議決権の５％を超えて保有できません。IFRS第10号の適用における連結の範囲を決定するにあたっては，これらの法規制を考慮して，保有する潜在的議決権が実質的か（権利行使の可能性および議決権を保有した銀行のメリット等）を勘案した上で，パワーの有無（すなわち、連結の範囲）を決定する必要があります。

③　受益者が１人となる私募投信

日本基準においては私募投信への投資について通常は子会社として会計処理をしないと考えられますが，IFRSでは，たとえば受益者が１人であるなど，投資者（受益者）が単独で投資信託の運用の意思決定に対してパワーを有していると判断できる場合には，IFRS第10号において連結対象となる可能性があります。

Q5-4 IFRS第13号「公正価値測定」の概要

IFRSの公正価値測定の基準は，どのような内容でしょうか。

Answer Point

・日本基準上，2021年4月1日以後開始事業年度から企業会計基準第30号「時価の算定に関する会計基準」（以下，「時価算定基準」という）が適用され，ここで規定される公正価値の概念および測定については，IFRS第13号「公正価値測定」と大きな違いはありませんが，一部の項目については差異がみられます。

(1) 公正価値の定義

IFRS第13号では，公正価値を，「測定日時点で，市場参加者間の秩序ある取引において，資産を売却するために受け取るであろう価格又は負債を移転するために支払うであろう価格」と定義しています（IFRS第13号第９項)。当該公正価値の定義については日本基準と差異はないと考えられます。

(2) 公正価値の測定

公正価値の測定範囲について，時価算定基準適用後の日本基準との差異に関しては，金融商品を対象とした場合，日本基準上，市場価格のない株式等について取得原価を貸借対照表価額とする一方，IFRSでは公正価値で測定する必要がある点は日本基準との主要な差異となります。

公正価値を測定する際には，同一の資産または負債についての価格が観察可能であればその価格により測定されます。一方「同一の資産又は負債についての価格が観察可能でない場合には，企業は公正価値を他の評価技法を用いて測定する。その評価技法は，関連性のある観察可能なインプットの使用を最大限とし，観察可能でないインプットの使用を最小限とする」とされています（IFRS第13号第３項）。

上記の評価技法に使用されるインプットに対して，IFRS第13号では３つのレベルに分ける公正価値ヒエラルキーが適用されています。「公正価値ヒエラルキーが最も高い優先順位を与えているのは，同一の資産又は負債に関する活発な市場における（無調整の）相場価格（レベル１のインプット）であり，最も優先順位が低いのは，観察可能でないインプット（レベル３のインプット）である」とされています（IFRS第13号第72項）。

図表5-4-1　公正価値のヒエラルキー

<table>
<tr><th>分類</th><th>観察可能性</th><th colspan="2">具体的な価格またはインプット</th></tr>
<tr><td>レベル１</td><td rowspan="4">観察可能</td><td rowspan="2">活発な市場</td><td>・同一の資産または負債の公表価格</td></tr>
<tr><td rowspan="3">レベル２</td><td>・類似の資産または負債の公表価格</td></tr>
<tr><td>活発でない市場</td><td>・同一もしくは類似の資産または負債の公表価格</td></tr>
<tr><td colspan="2">・公表価格以外の観察可能なインプット
・相関関係等を用いて観察可能な市場データにより裏づけられたインプット</td></tr>
<tr><td>レベル３</td><td>観察不能</td><td colspan="2">・市場参加者が考慮するであろう仮定に関して，入手できる情報に基づき企業自身の見積りを反映したインプット</td></tr>
</table>

(3) 公正価値測定に関する開示

IFRS第13号第93項では，次頁の**図表5-4-2**に記載されている事項の開示が要求されています。

図表5-4-2　IFRS第13号第93項による開示内容

基準番号	開示内容	レベル			定量情報／定性情報		経常（*）	非経常（*）
		1	2	3				
93(a)	公正価値測定金額	○	○	○	定量		○	○
	非経常的に公正価値測定がなされる理由	○	○	○		定性		○
93(b)	公正価値ヒエラルキーのレベル別分類金額	○	○	○	定量		○	○
93(c)	レベル1とレベル2の間の振替額等	○	○		定量	定性	○	
93(d)	評価技法とインプットの説明等		○	○		定性	○	○
	重要な観察不能なインプットの定量情報			○	定量		○	○
93(e)	期首残高から期末残高への調整表			○	定量	定性	○	
93(f)	未実現損益の変動による損益の計上額等			○	定量		○	
93(g)	企業が用いた評価プロセスの説明			○		定性	○	○
93(h)	観察不能インプットの変動に対する感応度の記述的説明			○		定性	○	
	公正価値の不確実性分析			○	定量	定性	○	
93(i)	非金融資産の最有効使用が現在の用途と異なる場合，その旨および理由を開示	○	○	○		定性	○	○

（*）経常的／非経常的に公正価値で測定される資産および負債

時価算定基準適用後の日本基準との差異に関しては，IFRS第13号では「レベル1とレベル2の間の振替額等（IFRS第13号93項（c））」「観察不能なインプットの変動に対する定量的な感応度分析（IFRS第13号93項（h））」「非経常的な時価の算定に関する開示（IFRS第13号93項（a）（b）（d）（g））」が求められる点が，日本基準との主要な差異となります。

第6章

財務諸表の分析

第6章では，銀行業の財務諸表を分析するにあたって使用する経営指標を取り上げて解説します。
銀行業は，一般事業会社とは財務諸表の形式や勘定科目が異なり，収益性や効率性を表す指標も一般事業会社とは異なるため，この指標について銀行業の特徴をご紹介します。さらに，本邦銀行と諸外国銀行の指標を比較することで本邦銀行の特徴を解説します。

Q6-1 銀行業に関する経営指標

銀行業の経営成績や財政状態を把握するためには，どのような指標に着目すればよいでしょうか。またその指標について銀行業としての特徴があれば教えてください。

Answer Point

- 経営の効率性の指標として経費率があり，持続可能な収益性の指標としてコア業務純益（投資信託解約損益を除く）があります。
- 総資産額が大きい銀行ほど，経費率は低くなる傾向があります。
- 経常利益の変動と比較してコア業務純益（投資信託解約損益を除く）の変動は小さくなる傾向があります。

(1) 銀行業の特徴

銀行業は，営利性と公共性という２つの側面を有する業種である点に特徴があります。すなわち，利潤を最大化するという営利法人としての側面がある一方で，個人や企業から預金を預かりこれを資金需要に応じて貸し付け，また，国債等の引受け手としての役割を果たしていることから，高い公共性を有するという側面があります。

したがって，限られた経営資源を有効に活用し，利潤の最大化を達成しているかどうかという分析を行う際には，経営の効率性を測る指標に着目するとよいでしょう。また，公共性を有する企業としての役割を果たすために安定的な経営が行われているかどうかという分析を行う際には，経営の健全性を測る指標が参考になりますが，人口減少や高齢化の進展等による経営環境の厳しさが増している中においては，持続可能なビジネスモデル構築により将来にわたる健全性を確保しているかどうかを分析する観点から，持続可能な収益性を測る指標に着目するとよいでしょう。

(2) 効率性の指標

銀行業の経営の効率性を測る指標として経費率があります。銀行業において経費率は一般的に以下のような式により算出します（全国銀行協会ウェブサイト参照）。

経費率＝営業経費÷業務粗利益

営業経費は，資金運用業務や役務提供業務などの本業に要する費用であり，人件費（給与，退職給付費用など），物件費（固定資産の償却費，賃借料など）および租税公課で構成されます。業務粗利益は，銀行の本業からの粗利益であり，損益計算書における資金運用収益・費用，役務取引等収益・費用，特定取引収益・費用，その他業務収益・費用の合計として計算されます。したがって，経費率は，本業の利益を得るのにどの程度の費用を要しているかを測る指標であり，数値が低いほど効率的な経営が行われているといえます。

この経費率は，総資産の大きな銀行ほど低くなる傾向があります。**図表6-1-1**は本邦における銀行ごとに経費率と総資産額の関係を表しています。これを見てわかるように，銀行業は規模の経済が働く業種であるということが特徴です。銀行の経費率を分析する際は，同等の資産規模の銀行間で経費率を比較することが有用であると考えられます。

図表6-1-1　銀行ごとの経費率と総資産額の関係

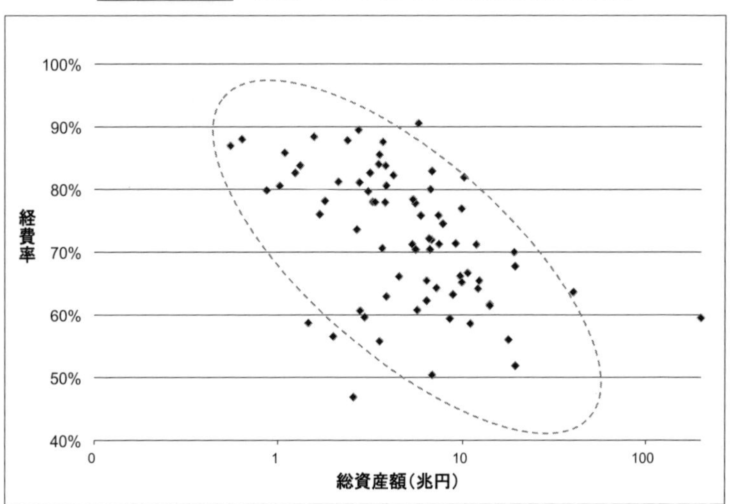

（出所：全国銀行協会ウェブサイト「各種統計資料/全国銀行財務諸表分析/2020年度決算/財務諸表等（4）各行別財務諸表１．貸借対照表・損益計算書」より計数をグラフ化）

（3）持続可能な収益性の指標

銀行業の持続可能な収益性を測る指標としてコア業務純益（投資信託解約損益を除く）があります。銀行業特有の利益指標である業務粗利益，業務純益，コア業務純益，コア業務純益（投資信託解約損益を除く）は以下のような式で算出します（「金融機能の強化のための特別措置に関する内閣府令」様式第一，金融庁「「銀行法施行規則等の一部を改正する内閣府令（案）」等に関するパブリックコメントの結果等」（令和元年9月13日））。

①　**業務粗利益**
＝資金運用収益－（資金調達費用－金銭の信託運用見合費用）＋役務取引等収益－役務取引等費用＋特定取引収益－特定取引費用＋その他業務収益－その他業務費用
②　**業務純益**
＝業務粗利益－経費－一般貸倒引当金繰入額
③　**コア業務純益**
＝業務純益＋一般貸倒引当金繰入額－国債等債券関係損益
④　**コア業務純益（投資信託解約損益を除く）**
＝コア業務純益－（コア業務純益に含まれる投資信託解約損益）

「コア業務純益」は，銀行本来の業務から得られた利益である「業務純益」から一時的な変動要因を除いたもので，さらに投資信託解約損益を除いたものが「コア業務純益（投資信託解約損益を除く）」となります。

コア業務純益は債券や株式の売買損益が含まれない一方で投資信託の解約損益が含まれているため，持続可能な収益を測る指標として「コア業務純益（投資信託解約損益を除く）」を利用することが有用です。

図表6-1-2に地方銀行および第二地方銀行の経常利益増減率とコア業務純益（投資信託解約損益を除く）増減率の関係を表しております。経常利益と比較してコア業務純益（投資信託解約損益を除く）の変動が小さく，持続可能な収益を見る指標としてより適切であることがわかります。

図表6-1-2 地方銀行および第二地方銀行の経常利益増減率とコア業務純益（投資信託解約損益を除く）増減率の関係（増減率は2019年度と2020年度の比較）

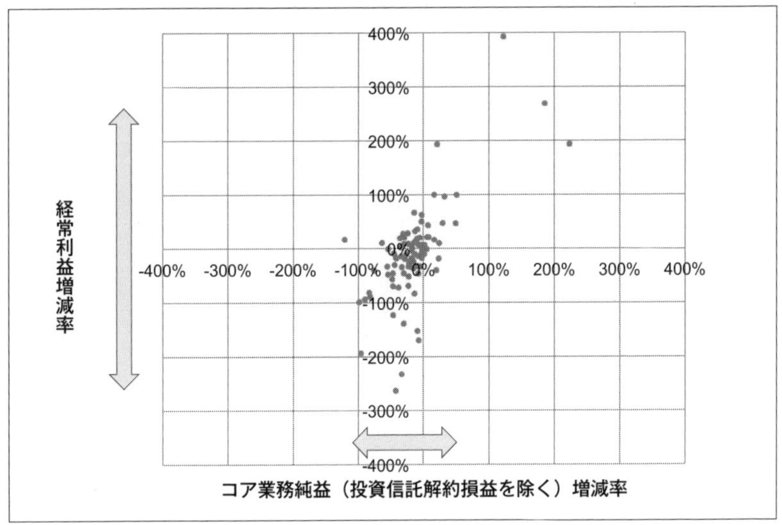

（出所：全国銀行協会ウェブサイト「各種統計資料/全国銀行財務諸表分析/2020年度決算/財務諸表等（4）各行別財務諸表１．貸借対照表・損益計算書」，各銀行決算説明資料より計数をグラフ化）

Q6-2　諸外国の銀行との財務数値比較

諸外国の銀行と比較した本邦の銀行の財務数値上の特徴について教えてください。

Answer Point

- 経費率は諸外国銀行と比べてあまり差異はみられません。
- ROAは諸外国銀行の方が高い傾向にあります。

一般的に，本邦の銀行と諸外国の銀行とでは経営の効率性が異なるといわれます。経営の効率性を測る指標としては，Q6-1でご紹介した経費率のほかにROA（Return on Assets）という指標があります。そこで，本邦および諸外国の銀行（金融グループ）の経費率およびROAを比較して，本邦銀行の財務数値上の特徴を示します。

（1）経費率の比較

経費率とは，営業経費を業務粗利益で除した比率です（詳細はQ6-1をご参照ください）。本邦における３大メガバンクグループの平均値と英国，米国，欧州に拠点を置く諸外国銀行の経費率を比較したものが図表6-2-1です。なお，銀行業は規模の経済が働く業種のため，総資産の金額が100兆円を超える銀行間で比較を行っています。これを見ると本邦銀行と諸外国銀行にそれほど大きな差異はみられないことがわかります。営業経費は人件費や物件費で構成されていますので，これらの費用を投じて生み出される本業の利益水準には遜色がないといえるでしょう。

図表6-2-1 経費率の比較

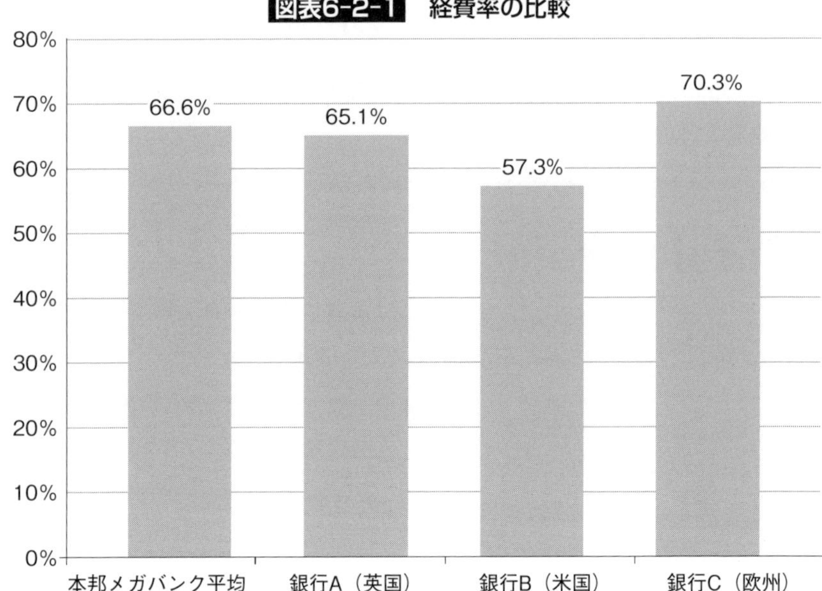

（出所：本邦メガバンク平均は，有価証券報告書より2020年３月期および2021年３月期の連結損益計算書の平均値を使用して算出。諸外国銀行は，アニュアルレポートより2019年12月期および2020年12月期の連結損益計算書の平均値を使用して算出）

（2）ROAの比較

本邦銀行と諸外国銀行とでは，一般的に資産に対する効率性が異なるといわれます。資産に対する効率性を示す指標としてROAがあります。ここではROAを以下のような式で算出するものとします。

ROA＝業務純益÷総資産額

業務純益は，業務粗利益から営業経費を差し引いて算出し，銀行の本業からの利益を表します（業務粗利益の内容については**Q6-1**をご参照ください）。総資産額の大部分は，貸出金や有価証券などの運用資産で構成されます。したがって銀行業の場合は，ROAが高いほど投資した資金を効率良く運用して利益をあげているといえます。**図表6-2-2**は，本邦メガバンクの平均と諸外国銀行のROAを比較したものです。

図表6-2-2　ROAの比較

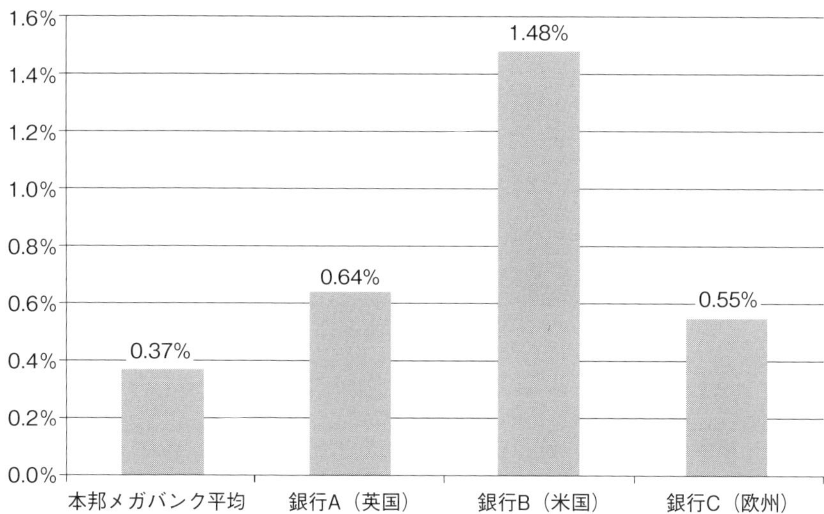

（出所：本邦メガバンクは，有価証券報告書より2020年３月期および2021年３月期の連結貸借対照表および連結損益計算書の平均値を使用して算出。諸外国銀行は，アニュアルレポートより2019年12月期および2020年12月期の連結貸借対照表および連結損益計算書の平均値を使用して算出）

これを見ると諸外国銀行の方がROAが高いことがわかります。このように差異が生じる要因の１つに資金運用利回りと資金調達利回りの差（利鞘）が考えられます。**図表6-2-3**に示すように，本邦メガバンクの利鞘は，銀行A（英国）や銀行B（米国）と比べると倍以上の開きがあります。

利鞘の差は，諸外国の方が利率水準が高いことも要因の１つと考えられますが，リテール部門の利益水準が本邦銀行は諸外国に比べて低いことが要因の１つとして考えられます。**図表6-2-4**に示すように，本邦銀行と諸外国銀行にはROAに占めるリテール部門の割合に違いがあります。

図表6-2-3　利鞘の比較

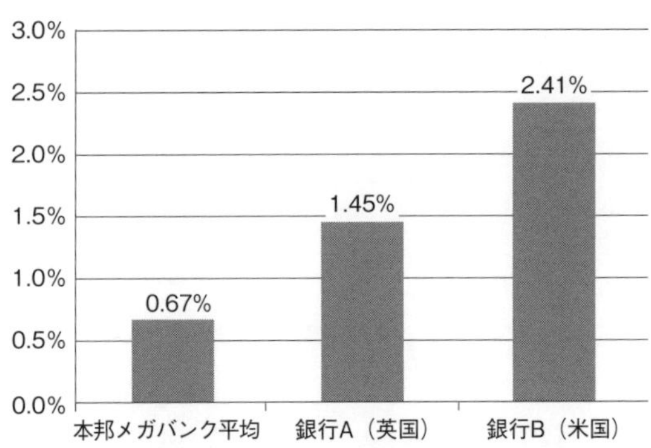

（出所：本邦メガバンクは，有価証券報告書より2020年３月期および2021年３月期の資金運用勘定利回りと資金調達勘定利回りの差の平均として算出。諸外国銀行は，アニュアルレポートより2019年12月期および2020年12月のInterest Marginの平均として算出。銀行C（欧州）については開示なし。）

図表6-2-4　ビジネスライン別にみた主要金融機関のROA

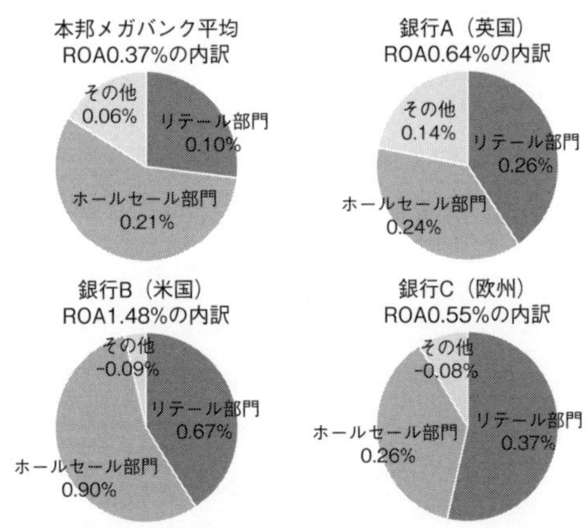

（出所：本邦メガバンクは，有価証券報告書より2021年３月期のセグメント情報から算出。諸外国銀行は，アニュアルレポートより2020年12月の連結財務諸表注記から算出。銀行B（米国）および銀行C（欧州）のその他の多くは本部機能であり収益がなく営業経費の金額が利鞘のマイナスとして集計されている。）

【監修者】
有限責任監査法人トーマツ　東京事務所
深田　建太郎　（公認会計士）

【執筆責任者】
有限責任監査法人トーマツ　東京事務所
川上　貴之　（公認会計士）

【執筆者】
有限責任監査法人トーマツ
●東京事務所
墨岡　俊治　（公認会計士）
園生　裕之　（公認会計士）
内田　彰彦　（公認会計士）
野坂　京子　（公認会計士）
後藤　知弘　（公認会計士）
坂田　　響
桑原　大祐
川西　勝男　（公認会計士）
嶋崎　正康　（公認会計士）
藪原　康雅　（公認会計士）
下野　純平　（公認会計士）
福田健太郎　（公認会計士）
吉村　拓人　（公認会計士）
山本　大輔　（公認会計士）
野池　　毅　（公認会計士）
平山　祐貴　（公認会計士）
金子　　裕　（公認会計士）
小山　鉄兵　（公認会計士）
佐藤　晃一　（公認会計士）
三宅　弘輝　（公認会計士）
白府　慶士　（公認会計士）
奥平裕一郎　（公認会計士）
小口　　敬　（公認会計士）
多田伸一朗　（公認会計士）
中島悠来穂
千田大次郎
加瀬　鶴佳
●長野事務所
河合　達志　（公認会計士）
●名古屋事務所
高島　達郎　（公認会計士）
●京都事務所
長岡健太郎　（公認会計士）
●熊本事務所
藤井　　順　（公認会計士）
●福岡事務所
福田　充秀　（公認会計士）
●鹿児島事務所
糸瀬　　航　（公認会計士）
●大阪事務所
堀田　賢一　（公認会計士）
淺井　　徹　（公認会計士）

デロイト トーマツ
コンサルティング合同会社
●東日本
廣瀬　史郎　（公認会計士）

デロイト トーマツ税理士法人
●東京事務所
磯貝　智久　（税理士）

【執筆協力者】
古川　ゆみ　（公認会計士）

【著者紹介】

有限責任監査法人トーマツ

有限責任監査法人トーマツは，デロイト トーマツ グループの主要法人として，監査・保証業務，リスクアドバイザリーを提供しています。日本で最大級の監査法人であり，国内約30の都市に約3,200名の公認会計士を含む約6,900名の専門家を擁し，大規模多国籍企業や主要な日本企業をクライアントとしています。

デロイト トーマツ グループは，日本におけるデロイト アジア パシフィック リミテッドおよびデロイト ネットワークのメンバーであるデロイト トーマツ合同会社ならびにそのグループ法人（有限責任監査法人トーマツ，デロイト トーマツ コンサルティング合同会社，デロイト トーマツ ファイナンシャルアドバイザリー合同会社，デロイト トーマツ税理士法人，DT弁護士法人およびデロイト トーマツ コーポレート ソリューション合同会社を含む）の総称です。デロイト トーマツ グループは，日本で最大級のビジネスプロフェッショナルグループのひとつであり，各法人がそれぞれの適用法令に従い，監査・保証業務，リスクアドバイザリー，コンサルティング，ファイナンシャルアドバイザリー，税務，法務等を提供しています。また，国内約30都市以上に１万５千名を超える専門家を擁し，多国籍企業や主要な日本企業をクライアントとしています。詳細はデロイト トーマツ グループWebサイト（www.deloitte.com/jp）をご覧ください。

デロイト ネットワークとは，デロイト トウシュ トーマツ リミテッド（“DTTL”），そのグローバルネットワーク組織を構成するメンバーファームおよびそれらの関係法人の総称です。DTTL（または“Deloitte Global”）ならびに各メンバーファームおよび関係法人はそれぞれ法的に独立した別個の組織体であり，第三者に関して相互に義務を課しまたは拘束させることはありません。DTTLおよびDTTLの各メンバーファームならびに関係法人は，自らの作為および不作為についてのみ責任を負い，互いに他のファームまたは関係法人の作為および不作為について責任を負うものではありません。DTTLはクライアントへのサービス提供を行いません。詳細はwww.deloitte.com/jp/aboutをご覧ください。

デロイト アジア パシフィック リミテッドはDTTLのメンバーファームであり，保証有限責任会社です。デロイト アジア パシフィック リミテッドのメンバーおよびそれらの関係法人は，それぞれ法的に独立した別個の組織体であり，アジア パシフィックにおける100を超える都市（オークランド，バンコク，北京，ハノイ，香港，ジャカルタ，クアラルンプール，マニラ，メルボルン，大阪，ソウル，上海，シンガポール，シドニー，台北，東京を含む）にてサービスを提供しています。

Q&A
業種別会計実務９・銀行（第２版）

2013年３月30日　第１版第１刷発行
2016年12月５日　第１版第４刷発行
2022年６月20日　第２版第１刷発行

著　者　有限責任監査法人トーマツ
発行者　山　本　　　継
発行所　㈱　中　央　経　済　社
発売元　㈱中央経済グループ
パブリッシング
〒101-0051　東京都千代田区神田神保町1-31-2
電話　03（3293）3371（編集代表）
03（3293）3381（営業代表）
https://www.chuokeizai.co.jp/
印刷／文唱堂印刷㈱
製本／誠　製　本　㈱

ISBN978-4-502-42541-7 C3034